U0084614

嘉南大圳之父

八田與一傳

古川勝三〔著〕
陳榮周〔譯〕

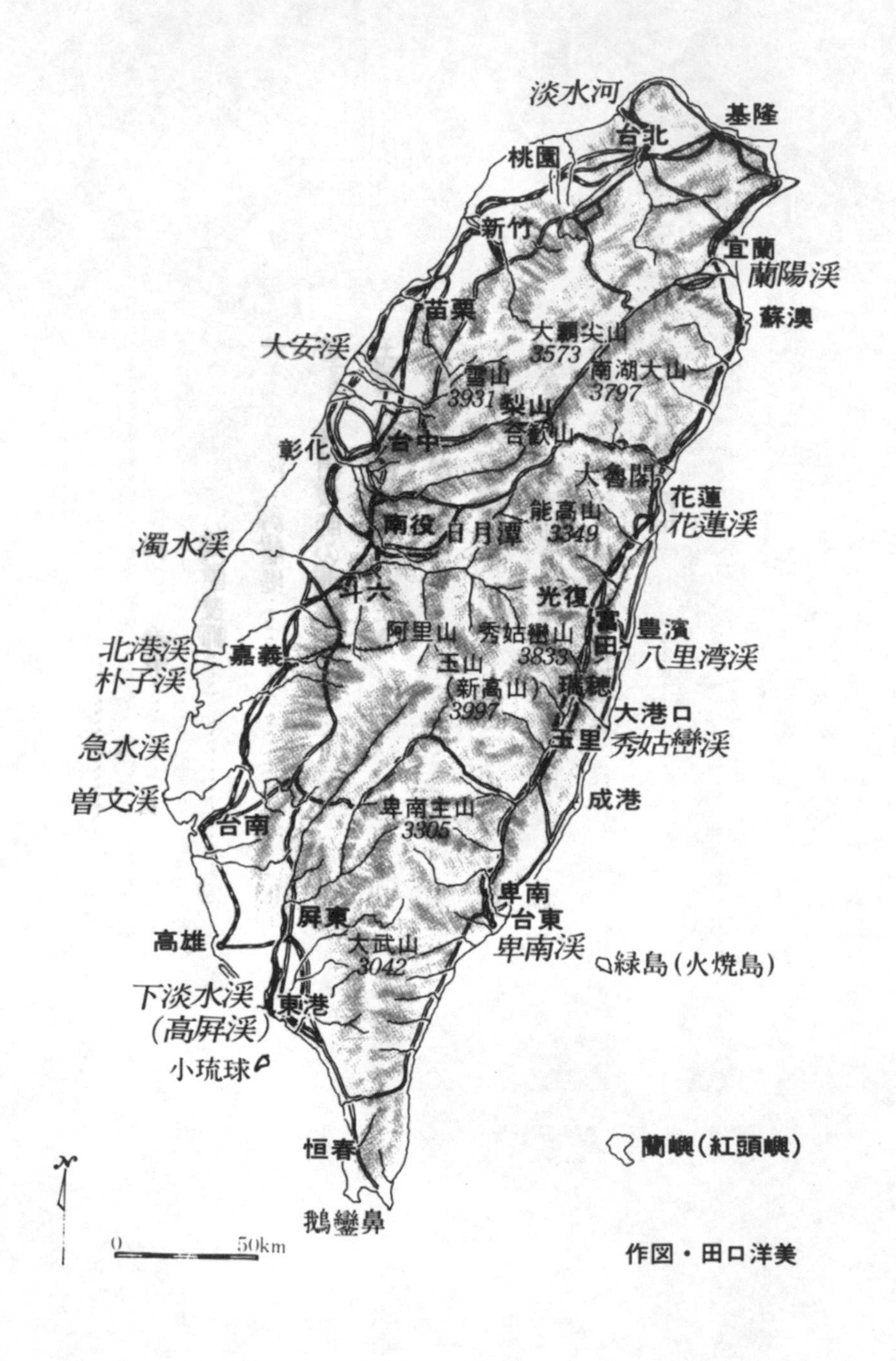

淡水河
基隆
台北
桃園
新竹
宜蘭
蘭陽渓
苗栗
蘇澳
大覇尖山
3573
大安渓
雪山
3931
南湖大山
3797
梨山
合歓山
彰化
台中
大魯閣
花蓮
花蓮渓
能高山
3349
南投
日月潭
濁水渓
斗六
光復
富
田
豊濱
阿里山
秀姑巒山
3833
八里湾渓
北港渓
嘉義
玉山
（新高山）
3997
朴子渓
瑞穂
大港口
玉里
秀姑巒渓
急水渓
成港
曽文渓
卑南主山
3305
台南
卑南
屏東
台東
高雄
大武山
3042
卑南渓
緑島（火焼島）
下淡水渓
（高屏渓）
東港
小琉球
恒春
蘭嶼（紅頭嶼）
鵝鑾鼻
0
50km

作図・田口洋美

八田與一留給台灣的恩德與功績

◎李登輝

也許大家不知道，有個日本人非常受台灣人愛戴與懷念，他就是八田與一。

爲什麼我突然提到八田與一？大家可能覺得很奇怪，這個人是誰，他好像不是總督，也不是重要官員。各位有所不知，八田正是灌溉面積達十五萬公頃、嘉惠農民超過六十萬人的烏山頭水庫與嘉南大圳的建造者。因爲有如此完善、在當時堪稱全球最先進的灌溉系統，才能讓無數民眾豐衣足食，所以，八田與一夫妻過世後，當地民眾爲他們蓋了墳墓與銅像，每年忌日都有許多人前往祭拜，認爲八田是台灣人的守護神，發自內心深深感謝他的恩德。

八田與一先生一八八六年出生於石川縣金澤市，第四高等學校畢業後進入東京帝國大學土木工學科就讀。一九一〇年大學畢業後，他立刻前往台灣總督府土木局任職，一直到五十六歲過世爲止，幾乎都在台灣度過，爲台灣盡心奉獻。

一八九五年成爲日本領土時，台灣人口大約三百萬人，社會治安混亂，許多民眾有吸食鴉片的習慣，衛生方面則是瘧疾與霍亂等傳染病盛行，是非常落後的地方。但因爲叛亂問題尚未解決，前三任總督大部分的力氣都用來討伐抗日游擊隊，一直到第四任總督兒玉源太郎於一八九八年上任，以後藤新平爲民政長官，才開始進行大規模開發。八田與一先生前往台灣之前，後藤新平時代已於一九○六年結束。雖然後藤新平爲台灣近代化打下重要基礎，但因爲之前實在太落後，所以後藤離職時，台灣河川水利事業與土地改革工作仍是一片空白，這也正是八田先生赴台之後全力投入的項目。

台灣赴任不久，八田先生就前往台北南方不遠處的桃園台地，研究在當地開鑿農業灌溉水路的可能性，不久完

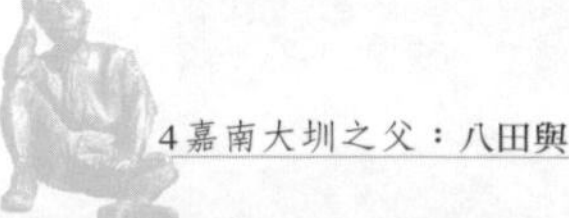

成「桃園大圳」的設計，並於一九一六年開工，一九二一年完成，灌溉面積達三萬五千公頃。這便是今日石門水庫的前身。

桃園大圳興建期間，舊台南州成立嘉南大圳水利組合（水利會），八田便辭去總督府的工作，加入該組合，連續十年擔任烏山頭貯水池事務所長，工作重點就是興建烏山頭水庫及嘉南平原的灌溉系統。這項工程非常浩大，準備使用土堰堤築造工法，建造蓄水量達一億六千萬噸的烏山頭水庫。爲豐裕水源，特地從曾文溪開挖取水隧道，然後，爲了灌溉嘉南平原十五萬公頃的農田，另外興建北濁水溪幹線與南烏山頭水庫幹線兩大灌溉系統，終於使嘉南平原的農田全面獲得灌溉水源。

整個工程完成後，嘉南平原的農業生產量遽增，每年

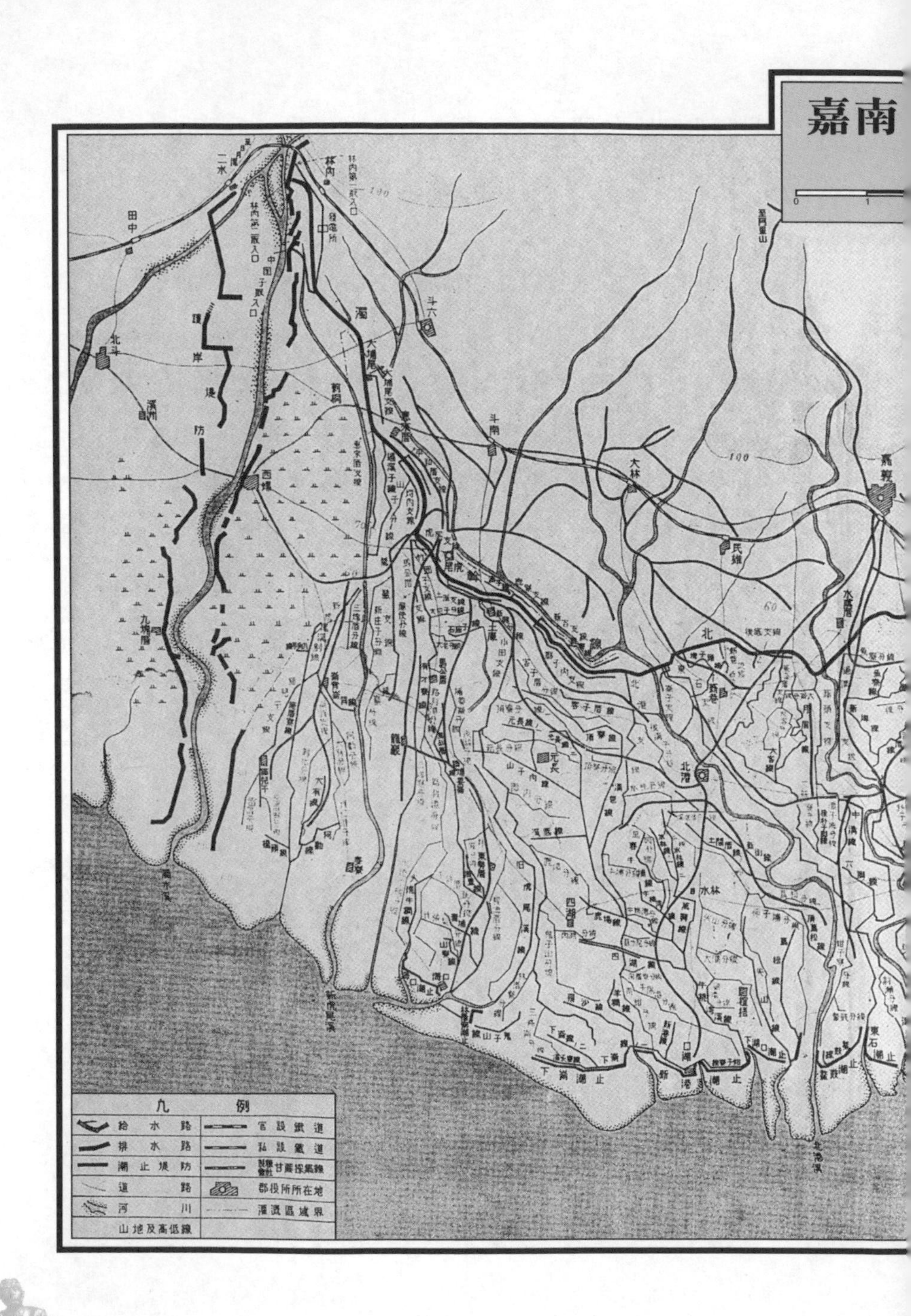

嘉南
凡例
給水路
排水路
潮止堤防
道路
河川
山地及高低線
官設鐵道
私設鐵道
甘蔗採集線
郡役所所在地
灌漑區域界
二水
田中
林內
北斗
溪州
護岸堤防
西螺
斗六
斗南
大林
嘉義
民雄
虎尾
土庫
北港
元長
四湖
水林

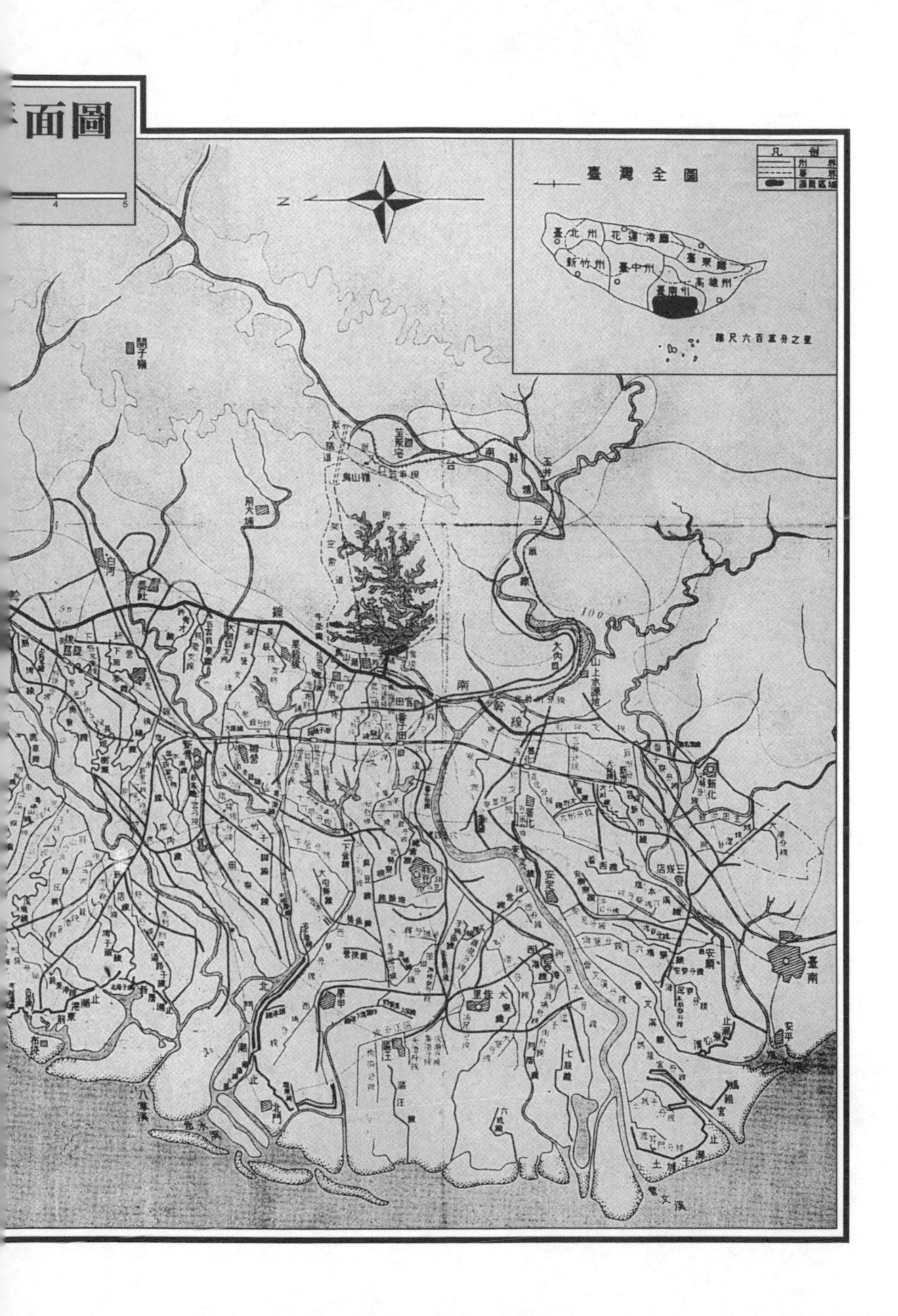

面圖
臺灣全圖
凡例
州界
廳界
灌溉區域

八田與一肖像畫

稻米、甘蔗及雜作的產量高達八萬三千噸。八田先生爲這項工程投注了整整十年歲月，用了五千四百萬元(當時幣值)，終於在一九三〇年完成東亞首屈一指的灌溉土木工程。此時八田不過四十歲而已。特別是嘉南大圳完工時，全球土木界驚嘆聲連連，六十萬的當地農民更是對八田衷心感佩，尊稱其爲「嘉南大圳之父」。

◆盡心奉獻的台灣恩人

爲何八田與一至今仍深受台灣人懷念？我們不妨參考古川勝三先生的著作，古川先生認爲，八田與一對台灣有三大貢獻。

首先是嘉南大圳。原本夏澇冬旱的嘉南平原，水庫與灌溉系統完成之後，一躍成爲台灣最大的穀倉。其次，八田先生有一套獨特的做事方法，非常有效率。第三，八田先生的人生觀與思想，至今仍值得日本人引爲典範。

以下針對這幾點做更具體的說明。

一、首先讓我們了解嘉南大圳的特徵。它的灌溉面積約十五萬公頃，其中濁水溪系統五萬二千公頃，烏山頭水

庫系統九萬八千公頃。灌溉方式爲三年輪作給水法。烏山頭水庫堤堰長一二七三公尺，高五六公尺，蓄水量一億五千萬噸。土堤堰採取「半水成式」工法。灌溉水道總長度一萬公里，排水道六千公里，主護岸與堤防長度二二八公里。

令人不敢置信的是，八田先生開始設計這項規模龐大的土木工程時，只三十二歲而已，並且三十四歲就成爲工程總督導，如此的優異才能，令人佩服，說八田「非常偉大」也不爲過。

也許大家聽過日本現代農業用水事業代表作：戰後興建的愛知農田灌溉系統，但嘉南大圳規模比愛知灌溉系統大十倍！此外，烏山頭水庫是東亞唯一溼地堤堰建造的水庫，美國土木協會還特地在學會雜誌介紹這項成就，並將該水庫稱爲「八田水庫」。

不過，嘉南大圳硬體雖完成，還得建立有效的管理軟體才能發揮機能。於是，八田先生透過農民組合，協助農民灌溉用水技巧，費了很大的力氣，到了第三年，終於有了顯著成果，原本有許多不毛之地的嘉南平原，終於變成台灣最重要的穀倉。

其對於農民的主要貢獻有：1.一舉爲農民除掉洪水、乾旱與鹽害三大痛苦。2.採取三年輪作給水法，農民的耕種技術與稻作產量全面提昇。3.原本是無人問津的不毛之地，有了水利滋潤，地價立刻翻漲二、三倍，整體增值達九千五百四十萬元，幾乎是總工程費的兩倍。4.農民生活產生巨大

改變，農作物有了更好的收成，便有能力蓋新房子、提供子女就學等等。

二、八田做事有獨特方法，效率極高。以規模巨大的嘉南大圳工程爲例，他並沒有遵照一般做法，而是以自己的創見，決定使用「半水成式」工法。

這是東方國家首見的技術，就連美國也不曾應用在大規模的工事上。但八田認爲，嘉南大圳必須如此處理，才能盡善盡美。

主要理由之一是嘉南平原地震頻繁。當地有許多斷層，曾發生強度超過六的地震，所以，用黏土內包鋼筋的方式建造堤堰，可遮斷水往外浸透，也能防止堤堰潰絕。

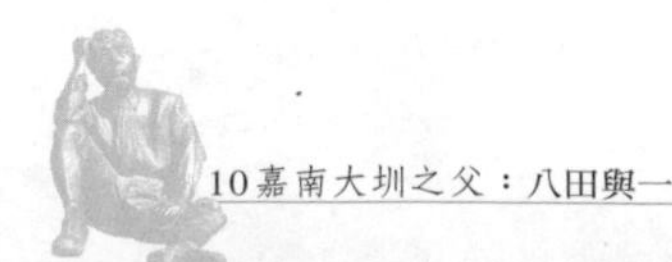

不過，要建造如此大規模的土堤，得使用三百萬噸砂土與微細黏土，所幸當地能充分供給，工程不成問題。

由於採取日本不曾有過的工法與技術，除了徹底的紙上研究作業之外，八田先生還特地前往美國考察，終於確信採取這項工法與相關設計的正確性。雖然針對水壩高度與如何洩洪的問題，全球半水成式權威賈斯丁有不同的看法，八田仍毫不畏懼地與之辯論，最後仍決定照自己原先的設計施工。結果七十年之後的今天，烏山頭水庫蓄水量仍超過一億噸，可見八田當初多麼高瞻遠矚。

其次，整個工程採用大型土木機械。當時台灣人力過剩，許多人認為使用機械浪費資金，建議八田雇用大量民

落成後，洩洪一景。

工。照八田的計劃，添購各項土木機械的預算達四百萬元，是整個堤堰工程與烏山頭隧道工程費的二五％。但八田有其堅持，認爲如此巨大的堤堰若以人力建造，可能十幾、二十幾年都沒辦法完工。工程晚一天完成，這十五萬公頃的土地就多荒廢一天。反之，花較多錢購買昂貴機械，但能縮短工期，早日讓嘉南平原成爲生雞蛋的金雞母，比較起來還是划算。結果，事後大家都不得不佩服八田的遠見，而且，這些用來興建水庫的大型土木機械，之後在開發花蓮港與台灣許多重大建設上，都發揮非常大的威力。

第三，他特地興建烏山頭職員宿舍。八田先生相信，「有好的環境才能讓員工安心做好工作」，所以工程開動，就先在烏山頭興建兩百戶職工宿舍，以及醫院、學校、大浴場以及箭術練習場、網球場等娛樂設備，提供完善的生活機能。

除了硬體之外，他也注意軟體配套，常在職工宿舍安排戲劇表演、放映電影、舉行慶典活動，打造一個生活和諧、向心力非常強的員工社區。八田先生的信念是，工程由人完成，只要善待做事的人，就不必擔心事情做不好。如此先進的經營管理觀念，即使放在今天，也絕不比任何企業經營者遜色。

第四，他大膽引進三年輪作給水法制度。八田判斷，即使烏山頭水庫蓄水量高達一億五千萬噸，面積達十五萬公頃的土地若要同時給水，只靠這座水庫與濁水溪的取水量，勢必不足。在此情況下，一般人可能會先想到縮小給水面積，但八田不這麼認為，讓更多人享受灌溉水利才是他的終極目標與理想。八田先生非像一般土木工程技術人員一樣：水庫與水路興建完成就走人。相反的，他念茲在茲希望提高嘉南平原農業生產，讓農民過得更富裕，終於想出嘉南大圳區域內的土地以五十公頃為一小區，一百五十公頃為一大區，每個小區域三年內輪流種水稻、甘蔗、雜穀的方法，這就是著名的「三年輪作給水法」。其操作方法為，種水稻者充分給水；種甘蔗者只在種植期給水；雜穀則不給水。至於給水路，控制方法簡單，就是設置水門，要讓水跑到什麼地方都可自由決定。

最後，讓我們來看看以獨創工法完成艱鉅大工程的八田與一，其人格、思想與人生觀。

◆社會公平正義的實踐者

八田與一先生不只技術能力超群，同時也是值得敬仰的人格者。雖然面對殖民地人民，但他完全不在乎階級、頭銜、人種，乃至於民族差異。也許只能說，這是八田先生天性使然，但如果他不是生長在金澤這樣人文薈萃、民風優美之地，如果他不是日本人，恐怕很少「統治者」能有如此的寬闊胸懷。

比如，嘉南大圳施工期間，十年總計一百三十四人犧牲。大圳完工後，八田先生要求興建殉工碑，一百三十四位犧牲者全列名其上，並未將日本人擺在前面。

後來受關東大地震(一九二三年)影響，中央政府預算吃緊，烏山頭水庫工程經費被迫大幅削減，八田先生只好裁員。此時幹部建議，「應保留優秀者，以免對工程進行不利」，但八田卻認爲，「大型工程非少數幾個優秀員工就可完成，貢獻最大的其實是爲數眾多的下階層勞工，更何況能力強的人容易再找到工作，能力不強的，一旦失業就生活無著……」結果，爲了保障能力較弱者的生計，八田先生忍痛先解僱部分優秀職工。這是他充滿人道關懷的一面。

在此，我必須強調，八田與一先生身上完完全全展現了巍峨高尚、令人敬佩的日本精神。

第一，我們可清楚從八田先生身上感受日本數千年來

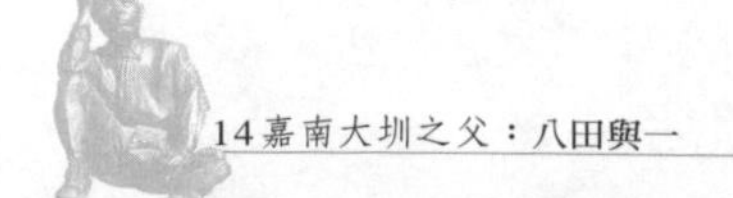

累積的崇高形而上價值與道德觀。不僅如此，八田先生以他一生作爲體現「人應如何生活」的最佳哲學與理念，其甘於清貧、爲國家百年大計奉獻的情操氣魄，實在值得年輕世代仿效。而「克己奉公」的精神，正是日本這個國家及日本人一向最珍視的精神。

第二，傳統與進步兩種表面上看起來相反的概念如何昇華、統一，是令許多人頭疼的問題。現在日本年輕人過度重視物質生活，眼中只有表象的進步，卻忽略了更重要的精神傳統與文化。如前所述，八田先生興建嘉南大圳的工程期間，必須不斷調和傳統與進步等不同觀念，採取最合乎成本效益的做法。以「三年輪作灌漑」的設計爲例，這是當時最先進的灌漑工程，但最重要的，其實是八田先生背後的傳統「重農思想」與「公義觀念」。

第三，八田先生夫妻至今備受台灣人尊敬，許多人一想到他們就眼眶泛紅，最重要原因之一，就是兩人徹底展現了重義、誠信以及率先垂範、實踐躬行的日本精神。

(李登輝日文原著，蕭志強漢譯)

〔**編按**〕

本文是李登輝先生2002年10月應日本慶應大學「經濟新人會」之邀，準備在該大學校慶「三田祭」發表的日文講稿節錄。該次邀請，由於中國刻意阻撓，日本當局竟駁回李先生簽證申請，所以李先生當次的日本行與演講遂告流產。

日本《產經新聞》曾於2002年11月19日刊出本演講原稿，題為「日本人の精神──慶應大學三田祭・幻の講演原稿」。主要內容係回顧日治時代的台灣，推崇介紹以十年歲月完成嘉南大圳大規模灌溉水利系統的日本土木技師八田與一的功績。

本演講原稿全文收錄於李先生所著《「武士道」解題》(日文版：日本，小學館；漢譯版：台灣，前衛出版社)一書中。

2004-05跨年期間，在層層限制與波折之下，李登輝先生終於又有新一次的日本素願之行，並且拜訪了本書主角八田與一出身的石川縣金澤市及其後代。

序

第二次世界大戰結束之後，不少原本豎立在台灣的日本軍人或政治家的銅像都被拆除了，只剩南台灣烏山頭水庫之一端的小丘上，依然矗立著一座由當地水利會設置的八田與一銅像。而且每年5月8日他的忌日當天，還受到當地人如敬仰神明般地舉行追悼儀式。

1980(昭和55)年起三年間，由文部省派赴高雄日僑學校任教的古川勝三先生，深被當地人如此尊敬的土木技師八田與一的故事所感動，爲了將他的事蹟讓台灣和日本人所知，因此做了詳細的調查。

在台灣的兩年調查成果，已在1983年3月以《愛台灣的日本人》爲題出版。這是根據《高雄日僑會誌》上的連載結集而成。1983年5月7日《朝日新聞》也做了介紹，並引起廣泛的討論。其實，早在1959年4月號的《文藝春秋》，邱永漢已曾撰文稱讚八田技師在台灣的努力成果。

1945年終戰後，在曾被日本軍國當局殖民統治的中國大陸、台灣及朝鮮半島等地，那些曾奉獻一生爲當地人工作的有良心的日本人，都悄悄地從歷史上消失了。現今，在一片國際化的聲浪中，有許多日本人在世界各地工作，此時最重要的，應是以當地人民的福祉爲前題，做當地人所敬仰的事。

曾對八田與一的成就做過深入調查的古川勝三先生，回國之後拜訪了八田技師的故里及友人，並調閱相關技術文獻，將其先前已在台灣出版的著作加以擴充，完成了八田與一的傳記，在此，我由衷表示最高的敬意。

希望多數的日本人及台灣人，特別是年輕的日本人，藉由閱讀本書，能夠想起過去不幸的日台關係之中，也曾存有一絲絲溫煦的事蹟。

平成元年四月二日

東京大學名譽教授
芝浦工業大學工學部教授
高橋　裕

目 次

序章

銅像在沈思。

這是看守著台灣最大人造珊瑚潭的日本年輕技師的雄姿。距今六十年前，在台灣台南縣烏山頭所建造的巨大土堤堰，如今還是水源盈盈。這水通過蜘蛛網般的圳路，流入十五萬甲的嘉南平原。

1273公尺長的堤堰與16000公里長的排水路，稱之爲「嘉南大圳」。

這座銅像紀念的，就是提案、設計、完成「嘉南大圳」的男人。銅像的台座上刻著：「嘉南大圳設計者・八田與一氏像」。

這亞洲最大的灌溉土木工程於1920年9月動工，其時八田與一年僅三十四歲。而花費十年歲月和龐大資金的嘉南大圳，於1930年竣工。

一經啓用，從珊瑚潭發出轟隆隆的聲響，豐沛的水源流進了這個比二次世界大戰後象徵日本近代農業用水事業的「愛知用水」大了十倍以上的水路，大地濕潤了。

看到從珊瑚潭洩流出來的水，嘉南平原的農民歡呼著：這是神的恩惠，這是上天賜與的水啊！同時也讓人想起一位年輕的技師。

從此以後，八田與一的名字烙印在六十萬嘉南農民的心中，永遠不會消失。

廣大的嘉南平原曾被視爲不毛之地，且被棄之不顧，在它的每一個角落都滿佈了灌溉用水之後，八田與一帶著

家人離開充滿回憶的烏山頭，回到台北。和八田與一共同參與工程的同僚，雕塑了一個穿著工作服席地而坐的八田技師的銅像豎立在開工地點，以之紀念他的功績。

純樸的嘉南農民以感激之心，贈以「嘉南大圳之父」，終生不忘八田與一的恩澤。

嘉南大圳的完成獲得世界土木工程界的驚嘆與讚賞。

烏山頭水庫是亞洲唯一的濕式堰堤水庫，其規模亦爲世界僅有。因此美國土木學會特以「八田水壩」爲其命名，並在學會誌上向全世界介紹。這是八田與一技術的勝利，並且利用這個像大金字塔般的土木工程，向世界證明日本土木工程的優秀。

嘉南平原復甦成有如鋪滿綠色地毯的大地，且被稱爲台灣最大穀倉，在此同時，八田與一昇任爲敕任官技師，而被譽爲「台灣八田」。

此後不久，戰雲籠罩了全世界。1941年零式戰鬥機也從台灣起飛，軍靴聲響遍了嘉南平原。1942年5月5日，八田與一被軍部征召赴菲律賓調查棉作灌溉，由廣島縣宇品港搭乘「大洋丸」離開日本。

5月8日「大洋丸」航行至五島列島南方海面時，遭到美國海軍潛水艇的魚雷攻擊，船被擊沉了。八田與一在東中國海結束了他五十六歲的生命。這場戰爭在三年後因日本戰敗而結束。

八田與一奉獻了一生青春歲月的台灣，最後歸還中華民國，日本人須全部撤離。

喪失了深愛的丈夫，外代樹也被迫必須離開曾經跟丈夫共同生活過的台灣。遭此悲傷的打擊，幾近虛脫的八田夫人跳進她丈夫視爲終生事業的烏山頭水庫的放水口，結束了四十五歲的生命。

嘉南平原的農民爲八田夫婦的死慟哭不已，只盼望他們兩人的靈魂永遠留在烏山頭，繼續看顧嘉南大圳。

日本人走了之後，日本人的銅像或墳墓陸續被破壞，於是嘉南農民在八田技師銅像的後端，用花崗石作成日本式的墓碑以紀念他們。時爲1946年12月15日。爾後嘉南農民每逢八田與一的忌日，就從烏山頭水庫一起放水，以紀念他的功績。而且每年從不間斷地舉行追悼會，紀念這位摯愛嘉南大地與農民的年輕技師。

【第一章】

初識八田技師

「一位日本技師的銅像經過半世紀以上，至今仍由台灣農民守護著。」

聽到這個消息是1981年3月18日的事。

1980年，我以日僑學校教員的身分任教於台灣高雄日僑學校，這天正參加高雄日僑學校第十一屆的畢業典禮。

時值3月，卻是攝氏30度以上的高溫，燠熱的會場裏有二百多名中小學生與家長，及交流協會高雄事務所出田政夫所長等數名來賓共同出席。

在海外第一次參加畢業典禮的我忘了燠熱，專注地觀禮。

來賓之一的出田所長木訥地說起日本技師的故事。

「你們知不知道有一座日本技師的銅像，而且僅此一座，現在仍由台灣人守護著。」

我與學生們都是初次耳聞。

「台南近郊有一座烏山頭水庫，建設這座水庫的技師叫做八田與一。這是五十年前的事。因爲有了這座水庫，嘉南平原的農民變得富裕了。從此以後，農民視八田先生爲他們的恩人，一直保護著他的銅像。」

「由台灣農民一直保護的日本技師的銅像」、「八田與一」、「烏山頭水庫」、「嘉南農民」，每一句都是我第一次聽到的。在演講的最後，出田所長說：

「不論你們畢業以後進入高雄日僑學校的中學部，或是回到日本的中學繼續升學，將來都有機會出國服務，希望

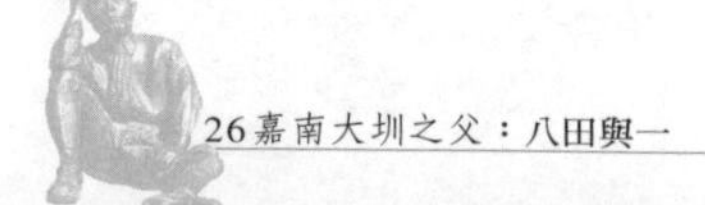

那時候能像八田技師一般，成爲受當地人敬仰的日本人。」

沒見過八田技師和烏山頭水庫的我，不能十分了解嘉南大圳是什麼模樣？水庫是如何完成的？而設計、建造者八田與一又是一個什麼樣的技術員？但是，台灣農民繼續守護技師銅像的美談使我感動，深存我心。

畢業典禮過了半年之後的8月底，台灣的友人周志和先生邀請我參觀他台南故鄉的古蹟。

從高雄駕車向北走一個小時，就到了台灣的古都台南市。台南市是台灣最早開發的地方。

約四百年前，台灣中部有早期即在此居住的馬來系原住民。其中也住著由中國渡過台灣海峽而來的漢人，及「倭寇」後裔的日本人。三者共存共榮地生活著。後來，在爪哇島設立東印度公司的荷蘭人爲了成立亞洲貿易的補給站，在後來被稱爲安平的海岸登陸，建設了兩座城堡，即熱蘭遮城(Zeelandia)及普羅民遮城(Provintia)。荷蘭人統治了原住民，以武力支配漢人，在日本人因鎖國政策而削弱自身勢力時，逐漸成爲君臨台灣的統治者。

不久，荷蘭人被明朝的鄭成功打敗，終止了三十六年的統治，而鄭氏一族也在二十二年後爲清朝所敗。之後，台灣經過漫長的滿清時代，接著被日本統治。其間，台南爲台灣的中心都市，因此十分繁榮，有不少歷史遺蹟，此事成爲台南市民的驕傲。

參觀完古都台南的古蹟之後，朋友說：

「雖然有一點遠，但是否要到景色幽美的珊瑚潭去呢？日本人很少到那裏，但那是一個寧靜的好地方。」

我立即答應了。

駕車穿過台南市街，沿著日治時代所建造的縱貫道路，向東北方走了三十分鐘便到了官田，這是一個小村落。經過官田，渡過曾文橋，就看見跨在水路上的小橋。過了小橋往右轉，進入了一條寬大的產業道路。

車沿著水路走，有綠油油的水田和矮矮的蕃茄園，還有抹上霞光般一望無際的整齊農地。在多山的台灣，這實在是罕見的景色。

過了一間磚廠，逆著倒映周邊綠意的水路往上走約十分鐘，噴著水氣、發出轟隆聲的放水門就在眼前。清澄的水滔滔地流進水路。

右手邊有一座噴水池，從高高的塔上噴出圓弧狀的水。再轉頭看放水門的後面，橫臥著一座巨大的綠意盎然的山丘。

「到了，這裏就是烏山頭！珊瑚潭就在堰堤上。爬到上面，就可以看到湖和嘉南平原。」

聽到朋友的聲音而回過神的我問他：

「珊瑚潭是像日月潭一樣的天然湖嗎？如果是這樣的話，那堤堰很整齊啊！」

他答：

「不是的。這個湖是日治時代建造的人工湖。那座丘陵

是日本人所築的水壩。現在我們稱它爲烏山頭水庫。」

以爲珊瑚潭是天然湖泊的我，馬上想起開展在眼前的巨大堤防就是堰堤，即八田與一技師所建造的亞洲第一大水庫。

出田所長在畢業典禮上所講的烏山頭水庫正呈現在我眼前，我一直以爲堰堤是混凝土建造的，無法馬上了解眼前這個巨大的土塊就是堰堤。

我的心在狂跳。一定有銅像。八田與一的銅像一定就在附近！一定有出田所長所說的「被嘉南農民守護著」的銅像。

心情平靜下來之後，我問朋友：

「附近應該有建造這座水庫的日本人的銅像，你知道嗎？」

「聽說過，可是不知道在那裏。總之，先上去再說吧。」

付了入場費，車子爬上土堰堤就到了南端的丘麓。一百多個台灣觀光客正在照相。

下了車，站在堰堤上，呈現在眼前的是廣闊美麗的珊瑚潭。湖面在陽光照射下粼粼發光；散列在湖中的小島也是一片美麗的景象。說是人工湖，卻連一塊混凝土也看不見，就如同天然湖泊一般。這樣的景緻使我陶醉，不知不覺地融入其中。

我從來沒有看過這麼美麗的人工湖。如果不曾聽過說明，看到和周圍如此融合的景緻，會以爲是天然的湖泊。

發現丘陵上偉岸的銅像時，我走過去。可是，它不是八田技師，而是已故的蔣介石總統的銅像。搜尋公園四周，卻不見其他銅像。下了堰堤，我們問一位看似農民的老人：

「我們想看看八田技師的銅像，您知不知道它在那裏呢？」

聽到友人用台灣話詢問，老人笑著用手指向北邊，以流利的日本話回答：

「沿著堰堤一直走到最前端，在國民旅社的前面就可以看見了。」

道了謝，走上長長的堰堤，中途有一條導水路從堰堤下伸展出來。沿著導水路向前，可展望綠意盎然的嘉南平原。大約走了二十分鐘，來到茂盛的樹林北端，只見到一片南國的樹木，卻看不到銅像。再走約三十公尺的緩坡道，突然發現一座被相思樹和榕樹圍繞著的百餘坪墓園。

墓園的草坪打掃得很乾淨，門柱上刻著「八田墓園」，裏面就矗立著我們所尋找的八田技師的銅像。走進草地幾步，有六階水泥梯，就在末端，有一座做沈思狀的銅像。

低低的大理石台座上只刻著幾個白色的字：「嘉南大圳設計者　八田與一氏像」。靠近銅像時，我驚訝了；我心想，銅像應該是威嚴的，或者，最起碼也應該是站在高高的台座上俯瞰著的。

我之所以驚訝，是因爲八田技師的銅像不是我所想像的樣子。連著台座，銅像的高度差不多只到我的胸部。那是理所當然的，因爲八田技師是坐著的。

在丘陵上，穿著工作褲和工作鞋的左腳向前伸出，右手肘擱在曲起的右膝上，兩隻手指扭捲著頭髮。拿著帽子的左手隨意地擱在左大腿上。身上的襯衫好像被汗濕了。高頰、方臉、緊閉著雙唇、粗眉下的眼睛，令人覺得彷彿在沉思一般。

靜靜地俯瞰著的八田技師的模樣，像是水量充沛的珊瑚潭的守護神似的，又好像想起用了十年歲月所建造的土木工程似的。稍微站遠一點看，八田技師的模樣又彷彿是一邊苦惱著工程進度，一邊看著似的。銅像看起來是那麼的栩栩如生。

我從未看過這般有人情味的銅像。到底是委託什麼人製作的？是誰雕塑的？我心中油然生起要向他們鼓掌致意的心情。

我以同樣的姿勢坐在銅像旁邊，凝視著相思樹林間若隱若現的珊瑚潭，發現自己被八田技師的魅力吸引了。

歷經半世紀以上被嘉南人看守著的銅像；在台灣唯一被保留的日本人的銅像，這個銅像的主人：八田與一和台灣究竟是何種關係，以致被塑成銅像，繼續受到嘉南農民的深切敬慕呢？

還有一件令人驚訝的事，就是關於墳墓。

在烏山頭，除了銅像之外，還有八田與一在此長眠。距離銅像正後方三公尺處豎著墓碑，從銅像正面是看不見的。

墓石是純日本式造型，未使用在台灣隨處可得的大理石，而刻意使用不知從那裏運來的花崗石。

墓碑名「八田與一　外代樹之墓」。表示是夫婦倆的墳墓。墓碑背面並排刻著：

「嘉南大圳建設技師八田與一　中華民國三十一年五月八日歿　享年五十六歲」

「妻外代樹　中華民國三十四年九月一日歿　享年四十五歲」

右側面刻著：「中華民國三十五年十二月十五日　嘉南大圳農田水利協會建之。」

中華民國35年就是昭和21年，也就是日本戰敗後的翌年。這一年的2月26日，遣送日本人的第一班船從基隆出發，除了被留用的三萬人之外，最後一班船也在4月25日出港。此後台灣的主人當然不是日本人，而是台灣人，或是由中國來台接收的中華民國政府。

矗立在台灣的統治者的銅像，例如基隆火車站前的首任總督樺山資紀；台北新公園(現今二二八和平公園)內的兒玉源太郎、後藤新平；圓山明治橋(現稱中山橋)旁邊的水野遵的銅像等等，在日本戰敗後全被拆除破壞，取而代之的是蔣(介石)總統銅像的時代。

日本色彩被一掃而空的時期，八田夫婦的墓碑被建立了，而且是使用純日本式的花崗石。這是不尋常的事。如果不是有特別的原因，過著貧苦日子的台灣人不可能爲曾經是統治者的日本人造墓，更遑論是爲已過世的日本人出錢出力。戰時，受苦的不僅日本人，反而應該是以「日本的尖兵」被送上戰場參戰的台灣人。他們嚐到了數倍於日本人的悲慘滋味。

然而，墳墓確實是被建造了，而且就在我的眼前；不但沒有被破壞，反而被打掃得很乾淨。

到底八田技師是一個什麼樣的人物呢？爲什麼嘉南人那麼敬慕他呢？自從看到刻在墓碑上的文字之後，這些個「爲什麼」就在我心中澎湃著，並且不斷地擴大，也因此使我想去瞭解它。

從這一天起，我追蹤八田技師足跡的漫長旅途就此開始。遺憾的是，八田與一雖然是少數受到台灣人尊敬的日本人，但他的名字，不要說是日本國內，就是在台灣的日本人，也幾乎不曾聽聞。

毋庸置疑，台灣是日本帝國的第一個殖民地。日本統治一方面幫助了台灣的近代化，另一方面又愚昧地對台灣人實施高壓統治，我想兩者都是事實。因爲日本戰敗，台灣歸還中華民國。不幸的是，現在因日本單方面的斷交，使得兩國沒有邦交，各媒體也很少報導台灣。但是，五十年間被日本統治的事實是無法抹滅的，而且在這五十年當中，有一位愛台灣、又受台灣人愛戴的日本技師在此，這也是事實。

珊瑚潭靜靜地呼吸著，八田技師也呼吸著。

我深深地感受著這兩個呼吸，離開了烏山頭。

美麗的珊瑚潭，右側有1273公尺長的堰堤。

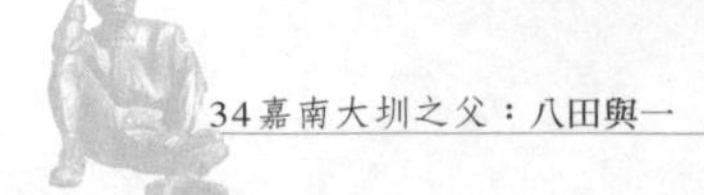

【第二章】

「八田屋」的少年

八田與一，石川縣河北郡今町村被稱爲「八田屋」的富農八田四郎兵衛的五男。

他出生於1886年2月21日，一個下著大雪的日子。父親四郎兵衛是八田屋第五代的主人。一方面僱人耕作十五町步(譯注：町是面積單位，一町約9920平方公尺，町步是計算田園、山林面積時的單位名詞)的田園，一方面做馬匹買賣，是個剛正誠實，在村民間有信望的人。與一出生時，他已經五十歲，眼睛稍微有一點看不見了。

母親サト出身於石川縣潟律村字西蚊爪，是西田又兵衛的長女，比四郎兵衛小十二歲。サト生了九名子女，其中三個女孩出生不久就夭折了。與一出生時，上面只有長男誠一、次男又五郎、三男智證、四男友雄、長女くん五個兄姊。

今町村在金澤市東北方六公里，位在白山麓山腳，是盛產稻米和花卉的地方。關於其花卉栽培，曾有「越後今町產絹地，加賀今町產花地」的歌詠，是個出名的產地。聽說，今町花卉會如此有名，是因寬文年間(1661～73)在金澤三構之地的眞宗大谷派正福寺住持光學愛好花卉，鼓勵村人栽培所致。因村人當中有不少是眞宗門徒，聽了光學住持的話，開始栽培花卉。

四郎兵衛是八田屋世襲的名字。八田與一的父親是第五代，祖先原本並非務農爲生。離今町西方二公里處，有北陸最大的湖：河北潟，如今已進行塡土的工程，往昔面貌已不復見。

享保年間(1716～36)，湖邊有三十幾戶農家，是個不足六十人的聚落。聚落名叫「八田」，就是現在的金澤市八田町。據說由於是新開墾的田，所以被稱為治田，其讀音被訛讀為八田。但這是不太確實的。

在八田聚落，有一位八田與一的第一代祖先，叫做四郎兵衛的農夫。因為當地大部分是農民，人口不斷增加，土地又不夠耕種，於是無法生活的人就到河北潟靠打漁為生，爾後，幾乎所有的農民都去打漁，不久，河北潟變成漁業中心。

由於只有八田聚落的漁業最為盛行，所以河北潟又被稱為八田潟。

第一代的四郎兵衛放棄了貧苦的八田，攜家帶眷搬到當時只有十來個農夫的新開墾地居住。後來周圍村落就因其為新開墾村落，以今町稱之。

放棄打漁而以開墾為業的人一旦開墾，那塊地就可據為己有。漸漸地，由其他聚落搬來的人增加了，於是相互以各自出身的地名來稱呼。「你家從那兒來？」「我們從八田來。」「那麼，就是八田的四郎兵衛了。」……諸如此類。

因為從四郎兵衛開始遷移到新墾地，所以這一代就自稱為第一代。當然二代、三代仍繼續開墾，土地自然慢慢增加，終於變成富農。後續搬來的人為了表示尊敬，特別稱呼四郎兵衛的家為「八田屋」。

到八田與一的父親，亦即第五代的四郎兵衛爲止，已歷經一百七十年。當他三十二歲時，德川幕府時代結束，明治維新開始，社會有了很大的變動。

三年以後，戴姓制度成立。四郎兵衛以「八田屋」爲姓。雖然社會有了變動，百姓生活卻無多大變化，不過，八田四郎兵衛已經變成村內數一數二的大地主了。

根據八田與一出生不久後的明治二十二年的調查，今町村的戶數增爲一百〇四戶，人口有五百九十人，就在同一年，今町村與鄰近的村落合併爲花園村，即現在的金澤市今町。

八田與一進入小學的時候，雖然父親視力已經完全看不見，終日在床，但仍精神飽滿，經常擊鼓呼喚家人，命令他們作事。農田的工作自然就變成長兄誠一的責任了。

誠一每天早上先到父親床前接受當天農事上的指示，以及指導如何使喚傭人之後，才正式展開一天的工作。晚間報告一天工作情形也就變成例行的事了。因爲誠一比與一大十五歲，所以稱父比兄更恰當。

小學時代的八田與一是所謂的「孩子王」。爬到家裏的樹上大叫一聲：「喔……」附近的孩子就會集合過來問道：「與一兄，今天要做什麼？」然後隨著與一走。這個時候的孩子，晴天就赤腳或穿草屐，雨天則穿木屐上學；大部分在四年制普通小學畢業之後就上工。

與一自花園普通小學校畢業後，進入森本普通高等小學校；三年後的明治三十二年(1899)，再進入金澤市石川縣立第一中學校。當時讀中學的人很少，花園村只有富農子弟二、三人而已。

單程須走路八公里通學的八田與一是個活潑多話的少年，村內每一個人都喜歡他。升上中學的翌年5月9日，父親去世了，享年六十四歲。那時八田與一十四歲。

加賀這個地方是眞宗的王國，八田與一從小就是在家中舉行的「講」或「御座」之下長大的。「講」就是眞宗門徒每年數次定期聚集在一起聆聽僧侶說法；「御座」則是由個人隨時邀請僧侶前來說教。

僧侶坐在約二尺寬、塗上黑漆的高台上，對村人講解親鸞之教。因爲八田與一的家就在村子中央，所以經常聚集多數的村民在家中舉行「講」或「御座」。八田與一就在這樣受眞宗影響的環境之下長大。

佛前人人平等，不分師徒，彼此同朋同行，這就是親鸞對信徒的呼籲。八田與一深受這個教導的影響，這也是形成他的人格的土幹。

八田與一就讀的一中的學生當中，或許因爲也有來自同鄉的關係，自然也都對宗教抱持深度的關心，這也就成爲該校校風的特徵。

也有這樣的事。八田與一的朋友當中，有所謂部落出身者，八田與一經常和他一起玩耍，有時也會到部落吃飯再回家。家裏的人注意到這事，提醒他時，「同樣是人，並無啥區別。若用怪異的眼光去看，任何人看起來也都會變得怪怪的。」他這樣回答，不理會家人的叮囑。這樣的性格終生不變。在殖民地的台灣，不論和漢人或原住民接觸，他也是視爲同族地交往。八田與一這種沒有種族歧視的個性，正是受異民族尊敬的所在。

1904年2月10日爆發日俄戰爭。八田與一在開戰一個月後的3月自一中畢業，爲報考第四高等學校大學預備科作準備。

考試科目包括中學的各學科，即英語、漢文、數學、地理、歷史、國文、作文等。他最拿手的科目是數學。

此時，大哥誠一因受村人的敬仰，當選郡會議員，活躍於議壇。二哥又五郎做了母親娘家西田家的養子，住在西蚊爪。三哥智證自金澤醫學專門學校畢業後，於富山縣高岡市的醫院服務。三哥原來並沒有當醫生的打算，他小時候就當了西念寺住持西道家的養子，爲了將來入佛門，在京都眞宗大學(現在的大谷大學)唸書，因故回到八田家，後來踏上醫學之路。四哥友雄在一中畢業後不久入伍，於金澤第九師團步兵第七連隊服役，擔任上等看護兵，因參加旅順之役，渡海到中國。姊姊嫁入土田家。八田家就剩下母親、大哥誠一、大嫂、與一四個人和幾名傭人。

與一通過了考試。一中的同期學生有一百八十名，而進入高等學校的，包括與一在內只有六名。

當時在旅順的四哥友雄所屬的乃木(希典)第三軍正在進

攻難以攻克的要塞。

8月19日，乃木第三軍對盤龍山和東雞冠山進行第一回合總攻擊。但僅僅六天，即因日本兵以令人難以置信的一萬五千八百人的死傷而敗退。

儘管如此，敵軍要塞並未造成多大的損傷，敵優我劣的情勢由此可見一斑。盤龍山戰役的殉難者中有友雄。在攻擊要塞第五天的8月24日，友雄以二十三歲的年輕生命死於戰場。

八田與一於考入四高後得知此消息，滿懷悲傷地上路。與一就讀的四高，一部有法科、文科，二部有工科、理科、農科，三部有醫科，共六科。數學科拿手的與一進入二部的工科。入學典禮在九月舉行。同期生有一百五十四名，當中除了河合良成、品川主計，還有後來成爲《讀賣新聞》社長的正力松太郎，以及中學時的親友藤秀璻。後來藤進入佛門，晚年成爲廣島市德廣寺住持，著有《佛法僧》歌集。中學時代，藤常常和與一討論宗教與哲學，兩人之間的親密交往持續到一起進入東京大學。與一受宗教的感化甚深。

《四高八十年》誌於1967年由同學會發刊，在這厚厚的一冊書中，並未發現有關與一的記載，就是在同期生的投稿或座談會中，也找不到相關的報導。

也許四高時的八田與一不特別受人矚目，可是對與一而言，四高所學對日後的他影響很大。

這些影響裏，包括一位教師，就是西田幾多郎。

西田教授倫理學。這時是西田從宗教理論的關心轉爲對西洋哲學研究的時期，後來這些研究成果以《善的研究》結集出版。任京都帝大副教授的西田幾多郎，由於1911年所發表的《善的研究》，不僅哲學界，也廣爲一般人所知。後來被稱爲「西田哲學」的哲學，在與一於四高時開花，而於西田進入京都帝大後結果。

西田哲學乃是日本現代哲學的發端，大大地影響了以後的日本哲學。因爲有這樣的功績，西田於1940年獲頒文化勳章。

八田與一沒想到西田所講授的哲學後來會成爲那麼有名的「西田哲學」。西田根據本身長達十年的參禪，體驗佛教虛無的思想和有關純粹體驗的講義，對年輕又宗教心強烈的八田與一產生很大的影響。

八田與一全心投入嘉南大圳工程時，常對部下提到「覺、哲、悟」，這些就是根據從西田所學的哲學和從眞宗所學再經由自身體驗而得的。

在台灣時，八田與一的行動和思想信念可說是充滿了宗教意味，那可能是在四高時代所習得的。

1907年7月，與一自四高畢業。二部工科二十五名畢業生當中，二十二名進入東京帝大，一名進入京都帝大，剩下二名則進入社會就職。9月，爲了東京帝大工科大學土木工學科的入學，與一懷抱著夢想離開了故鄉，他搭乘經東海道的汽車，奔向二十四小時車程的東京。

不久，與一的夢將在東京孕育，在台灣開花。可是現在的與一卻被東京的氣勢怔住了。

東京帝大工科大學土木工學科造就不少近代日本土木建築界的優秀人才，其歷史可以追溯到1877年3月由工部省設立的工部大學校。

另一方面，同年四月，由文部省合併東京開成學校和東京醫學校改稱爲東京大學。當時有法學部、理學部、文學部、醫學部四個學部，而在理學部有工學科，初期是在最後學年才分爲土木和機械。

1885年12月，由理學部學科中分出機械工學、土木工學、採礦冶金學、應用化學等等，並新設工藝學部，此學部是以德國的基礎技術學爲基礎，跟以英國的基礎技術學爲基本的工部大學學風不同。但這一年接著廢工部省，工部大學校移交文部省；翌年3月，工藝學部和工部大學校合併，改稱爲帝大工科大學。

當時稱爲大學的學校只有一所，因此並未冠以東京之名。1897年6月，因在京都設立帝大，才冠以東京之名，而成爲東京帝大工科大學。這稱呼一直到1919年改爲工學部爲止。又，自1921年起，將原來七月的學期畢業時間改爲三月，沿襲至今。

二十一歲的八田與一和三十一名同期生進入日本最高學府東京帝大工科大學。當時工科大學修業三年，有九學部三十個講座，其中已經確定聘用的專任教授只有二十個，其他則缺少專任教授，因此機械工學、造船工學得倚靠英國教師幫忙。

設立之初的學費每年二十五圓，再加上每月平均六、七圓的生活費，且工科大學還要繳交用品費十圓，所以經濟上的負擔相當大。也因爲如此，學生的主流由士族階層變爲地主階層。

學校是9月10日開學、7月10日結業的三學期制。因有嚴格的課程和評分的考試制度，學生生活相當沉重。

八田與一認眞用功，夢想做一個可學以致用的大工程。他遇到了可以讓他的夢想實現的廣井勇教授，教名叫查爾斯。

八田與一入大學時，廣井四十六歲，正是最有幹勁的壯年。與一不但喜歡廣井的課，經由他本人的生活方式，也學到不少事。

廣井受聘爲東京帝大的教授，卻是出身札幌農學校，這在東京帝大是罕見的。札幌農學校是在明治政府的基礎尚未十分穩固時，由北海道開拓使設立的從事培養人才的公立機構。

此校聘請的教務長是以「少年們！抱持大志」而聞名的威廉・克拉克(William S. Clerk)博士。克拉克博士在學生的德育方面，當初採被學校當局默認的聖經作基督教育，培育出許多優秀的人才。直接受教的第一屆學生全體接受洗禮。

博士雖只任職一年就離開日本，但他的開拓精神生生不息地代代相傳。

廣井以第二屆生入學時，克拉克博士已回美國，因此並未直接受教於他。

第二屆十八名學生中，有十人畢業，其中除廣井勇外，尚有內村鑑三、宮部金吾、南鷹次郎、岩崎行親、新渡戶稻造、足立元太郎、藤田九三郎等優秀人才。

廣井當時由繼克拉克博士之後的教務長霍拉教授授以數學和土木工學，同時受洗爲基督徒。畢業後，二十二歲時以辛苦儲蓄之錢留美，而這次留學，給予其他同期生強烈的刺激。不久，新渡戶、內村、宮部陸續留美，在各專門部門深入研究。

廣井參加密西西比河治水工程和鐵橋架設的實地研究，體驗到豐富的知識，且以英文發表論文，受到美國人稱讚。廣井滯美期間，和新渡戶稻造同時被任命爲札幌農學校副教授，同時以公費留德，研究土木工學。

1889年，他因札幌農學校要設立工學科而回國，9月升爲教授。那年廣井二十八歲。翌年，兼任北海道技師，並就任土木課長。這個時期的廣井，在北海道鐵路及築港方面都留下了足跡，主要有函館港、小樽港、釧路港，和由港口延伸的鐵路等。

在可俯瞰小樽市的公園裏鑄有廣井的銅像。這是後輩爲了使他能夠永遠看顧他用青春心血所灌溉的港口而設立的。

1899年，三十八歲的廣井取得博士學位，九月出任東京帝大工科大學教授。以後二十年間，指導學生，培育了不少土木技師，八田與一是其中的一位。

廣井常對學生說：「如果要造橋，就要造可以讓人安心走過的橋。」這句話很使人懷念廣井的人格。廣井也常對學生談起前六期前輩青山士的故事。

青山說：「我生命的目的只有一個，就是爲人類做事，死而後已。」當時爲了參加美國所策畫的巴拿馬運河大土木工程，他大學一畢業就渡海赴美。

貧窮的青山帶著廣井教授的介紹函和盥洗用具，爲了省錢，坐四等艙，一路打工洗甲板渡海。

巴拿馬運河於1913年竣工。後來青山自費出版《巴拿馬運河的故事》，介紹巴拿馬運河。

每次想到青山的話語，八田與一就會想到：人不應該爲了做官或地位而工作，應該是爲造福後代而工作。他想，如果可能的話，做一個普通的技術員也會很滿足。

頭腦清晰的與一知道，想做大工程，就必須有最新的知識和技術，因而熱衷研究。他讀遍所有的原著，成績也很優秀，而且點子多，想法獨特。

八田與一的構想是從調查過去的事例之後加以創作而成，饒富趣味。他不只從表面加以變更，而是徹底地推翻。

旁人不能了解他，暗地裏有人批評他是「吹牛的八田屋」。可是，了解八田與一的恩師或前輩卻對他的獨特構想拭目以待。

「對八田來說，日本內地是不夠的。如果在內地，一定會被器量狹窄的人排斥。爲了讓他能充分發揮，是否讓他到外地工作較好。」

了解八田與一的人爲他開了一條生路。與一自己也是這麼想：「像廣井教授和青山前輩那樣，前往能給自己一條生路的地方。很想在那種地方自由自在地工作，只要能夠施展所學，哪裏都好。總之，去就是了。」當時，日本帝國在中日戰爭之後得到台灣；在日俄戰爭之後得到南樺太；到八田與一畢業時，韓國也被日本合併了。

八田與一選擇了台灣。

台灣併入日本帝國的版圖已經十五年了，是一個正需要開發的小島。歐美列強正注意著日本要如何統治開發這個第一個到手的殖民地。

政府爲了顯揚國威，在不許失敗的前題下，急需優秀的人才前往台灣。

選擇台灣爲其出路的八田與一，於1910年7月畢業於東京帝大，8月就以台灣總督府土木部技師的身分渡越東中國海，航向距離東京二千公里的台灣。

八田與一勇往直前地將他的夢想帶往這個被稱爲美麗寶島的台灣。

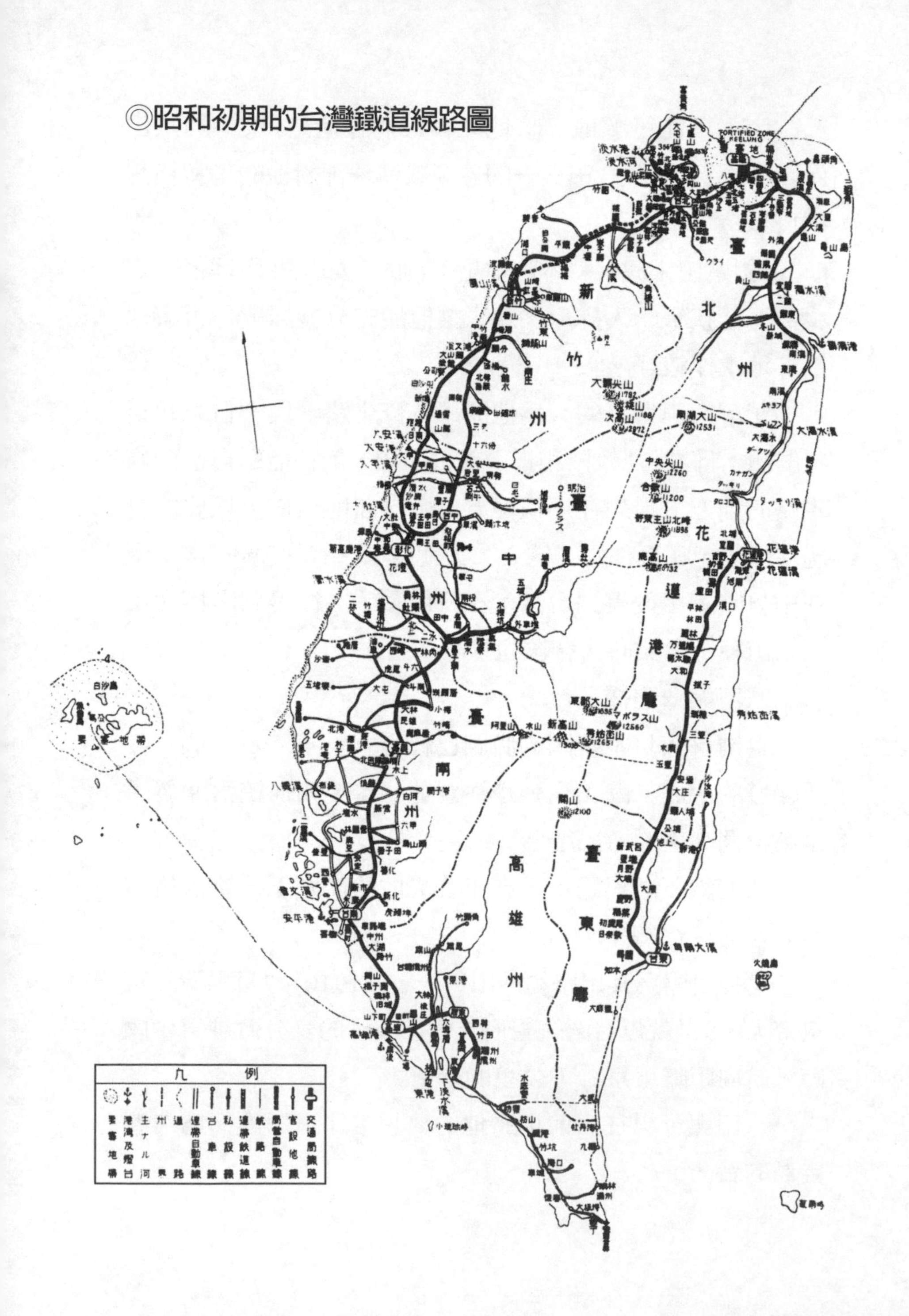
◎昭和初期的台灣鐵道線路圖
臺北州
新竹州
臺中州
臺南州
高雄州
花蓮港廳
臺東廳
FORTIFIED ZONE KEELUNG
要塞地帶
白沙島
大霸尖山
次高山
南湖大山
中央尖山
合歡山
新高山
阿里山
關山
火燒島
紅頭嶼
小琉球嶼
安平港
高雄港
花蓮港
凡例
交通局鐵路
官設他線
局營自動車線
航路線
連帶鐵道線
私設線
台車線
連帶自動車線
道路
州界
主ナル河
港灣及燈台
要塞地帶

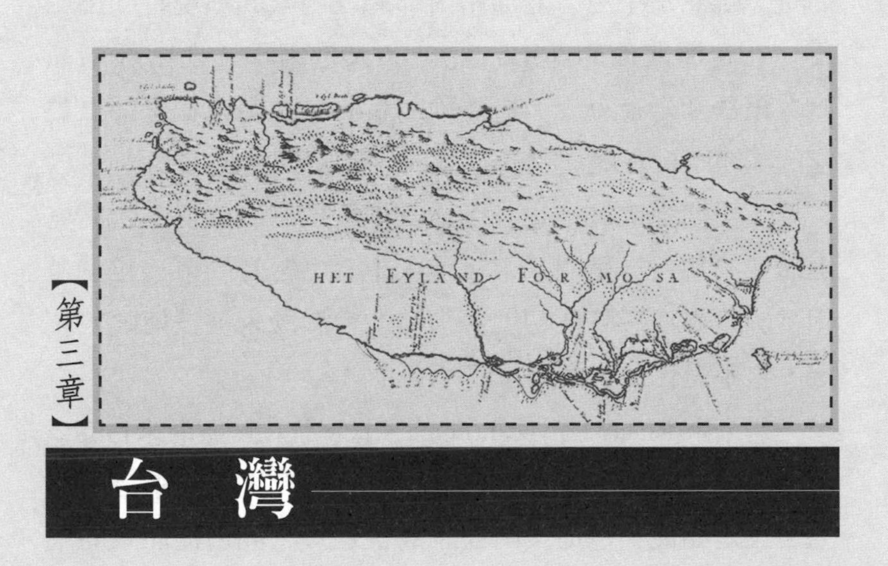

【第三章】

台灣

台灣島。

位於中國大陸東南端狀似地瓜的小島，面積略同於九州，有五十座超過三千公尺的山脈縱貫其中，大約有七成皆爲山地，平地很少。但由於北迴歸線經過島中央，其中部分屬於亞熱帶，暖流流過東海岸，氣候溫和。

雖然氣候分爲雨季和乾季，但乾季也很少缺水。有趣的是，雖然是小島，北部和南部的乾雨季的出現時間卻相反。在台灣北部的都市台北，冬天是雨季；在南部的高雄，雨季卻是在夏天。自然地，台灣是個陽光和水都很豐富的島嶼；但在歷史上有很長的一段時間是灰暗的。

歷史略過此島，也許因爲其地理位置的關係。台灣登上歷史的舞台，是明代末年進入十七世紀時的事。也就是相當於日本江戶時代初期。當時的台灣既未被任何國家統治，也不是任何一個國家的殖民地。

馬來系(Malay Polynesia)的原住民、從中國渡海來台的少數漢人、倭寇後裔的極少數日本人，三者共存在這小島上。雖是如此，但從東南亞諸島經過長時間遷徙而來的馬來系原住民，不論居住時間的早晚，或是所佔人口的比例，應可自誇爲當時最多者，可稱得上是台灣眞正的主人。然而，他們分爲幾個部族，部族內雖是統一的情況，但部族之間卻沒有相互結合，也沒有出現一個想結合各部族建立國家的人。

不但如此，部族間的文化和語言也不相同，反而處於

「互獵首級」的敵對狀態。

對他們而言，台灣不過是一個賴以維生的富庶島嶼而已。對漢人和日本人而言，應該也是這種想法。也許正因爲這樣，三者才能共存。可是，三者共存的時代並不能長久持續。

在巴達維亞設立東印度公司的荷蘭人視台灣爲日本、中國、巴達維亞間的補給站，擬於三者共存的情勢中插上一腳，不久之後，招引原住民爲伙伴。之後，1624年在安平建築兩座城堡，以後三十七年間壓倒性地支配漢人及日本人。

如此下去的話，也許台灣不久就變成荷蘭的殖民地了。但歷史改變了它的方向。

1661年，近松門左衛門所著《國姓爺會戰》一書中有名的鄭成功選擇台灣做爲反清復明的基地。他率領二萬五千名士兵進攻台灣，趕走了荷蘭人。鄭成功到現在仍是台灣的英雄，在普羅民遮城的遺跡還豎立著他打倒荷蘭人的銅像，而且也建有他的廟宇。鄭成功的母親是平戶田川氏的女兒，與鄭成功一起被供奉在同一個廟裏。知道這件事的日本人極少。

鄭氏一族在鄭成功死後繼續主張反清復明。但遺族間因繼承權的紛爭而削弱軍力，再因反對清朝所提出的和平條件，被三萬清兵所敗，結束了三十三年的鄭成功時代。這之後，直到割讓給日本爲止，清朝統治台灣二百一十二年。在這段期間，清朝並不想開發台灣，其統治目的僅為防止台灣叛亂。

事實上，台灣常有叛亂發生。也因此有「三年一反，五年一亂」的說法。大亂就有十六次記錄，小反更是數不清。雖然如此，還是有很多的漢人，特別是從福建、廣東兩省，冒著生命危險，以小舟橫渡台灣海峽而來。

因為台灣的糧食比這兩省豐富。

遷徙至此的漢人開墾耕地，形成安平、鹿港、淡水、鳳山、恆春等城鎮，以此為永久居住地。

清朝也將台灣由福建省獨立出來，昇格為省，因此到清朝末年，光是漢人就有將近二百七十萬人。台灣變成漢人之島了。這期間，日本沉睡在鎖國之中。

從明治維新甦醒過來的日本，轉變成帝國主義的國家，不久為了朝鮮半島的問題而與清朝對立，乃有1894年的日清戰爭。翌年，日本勝利，簽署馬關條約，將台灣及澎湖諸島割讓給日本。

中學及高校的歷史課本只寫著一行「讓受」；原住島上、將近三百萬的人民卻不可能那麼簡單地認為：「是的，明白了，從明天起就做日本人好了。」恰恰相反，他們被激怒了。

台灣人民不能了解為什麼遠在二千公里以外的敗戰會演變成台灣的割讓，而且割讓的對象是禁止蓄髮、鴉片及纏足的日本。甚至祖先所辛苦經營建設的生活文化也不得不受異族支配。清朝的官吏士兵及富商可以跑回中國，但只有土地的移民要「二年以內決定國籍」，等於是沒有選擇餘地了。

這種不滿，後來形成對統治台灣的日本人的反抗。尤其對馬來系的原住民來說，無論誰來，都是侵略者，也毫不考慮地都要以武力對抗。

反對日本統治的人們遂推舉唐景崧爲總統，定國號爲「台灣民主國」，宣告獨立，定年號爲「永清」，且製作國旗國璽，開始了有組織的抵抗。

同時，被任命爲首任總督的海軍上將樺山資紀一行五百人，會同北白川宮親王所率領的近衛師團，一起前往台灣接收和鎮壓叛民。

從清廷不得不將台灣移交典禮由台北移往基隆外海的「横濱丸」上舉行一事來看，不難看出台灣人反抗之強烈。

自基隆東南邊的澳底登陸的近衛師團，繼基隆之後佔領了台北，於1895年6月17日舉行始政典禮。但這個典禮也是在可能遭受襲擊的情況下舉行的。

之後，日軍以五萬大軍、二萬軍伕及九千四百頭軍馬繼續揮兵南下，但仍遭到激烈的抵抗。至佔領最後據點台南市時，已是移交典禮半年後的10月的事了。

建立台灣民主國的防衛戰至此終告結束。台灣民主國幻滅了。雖然如此，並非所有的問題就此解決了。

在決定佔有台灣時，日本政府面臨四個頭痛的問題：

第一、清廷備受困擾的土匪的抵抗；第二、不承認任何人支配的原住民；第三、蔓延在漢人中的吸食鴉片的惡習；最後則是瘧疾、霍亂、鼠疫、阿米巴痢疾等傳染病。

始料未及的是，台灣民主國餘黨有組織的武力抗爭，使得日本在上述四個問題之外，又加上這個棘手的事。

土匪的抵抗持續著。打游擊戰的土匪在人少的地方襲擊日本人。這個抵抗在佔領後的七年間一直持續著。討伐最後一位土匪首領林少貓時，已是第四任總督兒玉源太郎的時代。

趁著八田與一搭船赴台航程期間，再來談談他渡海來台前的台灣發展情況。

說首任樺山資紀、第二任桂太郎、第三任乃木希典總督時代是剿匪的時代也不爲過。這個期間所做的近代化，僅是完成從基隆到高雄的鐵路。此一工程也是在備受土匪襲擊下完成的，辛苦自不在話下。

爲了解決剩下的問題，伊藤博文任命兒玉源太郎爲第四任總督，與內務省表現優異的衛生技官後藤新平一起前來台灣。以後的九年間，兒玉總督和後藤民政長官的搭檔，爲新領土台灣的近代化雙管齊下地留下很大的功績。

以四十二歲的壯年被提拔爲民政長官的後藤，爲了解決已成懸案的鴉片問題，推行「專賣事業制度的確立」，同時著手設立醫校、新設醫院、整備上下水道等加強公共衛生設施，開始撲滅傳染病。

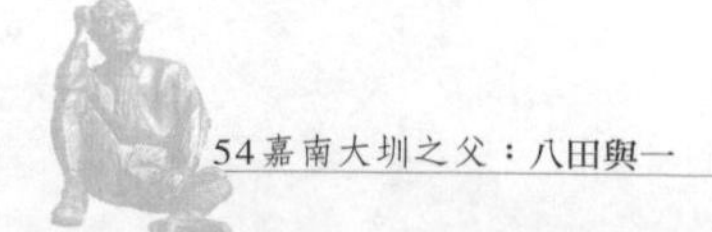

另一方面，後藤認爲經濟獨立自主乃是台灣邁向現代化的首要之事，因此著手獎勵和發展製糖業，召回正在美國留學的新渡戶稻造，任命他爲殖產局長，確立糖業政策。

結果，原爲砂糖輸入國的日本，除了自給自足外，還有能力向海外輸出。而且還著手改良及增產台灣米和烏龍茶，並開始輸出。同時也強力推行礦業、水力發電、築港、海運政策，推動近代化政策。

有了這些成果，台灣經濟變得豐裕，可以自給自足了。「台灣特別財務獨立」的政策於焉成功。以前無法維持自立的台灣，是日本內地龐大的負擔，有「吃錢島」之稱；尤有甚者，有人主張將它賣給外國。這樣的新領土台灣在後藤的大力經營下，竟然被稱爲「日本的寶庫」了。

後藤的培育台灣近代化的成果，相較於其他眾多外國的殖民地經營要勝過數倍。這也給了兒玉總督之後的台灣經營一個大方針。這一點是需要特別記載下來的。後藤能夠有這樣的功績，乃是兒玉總督的絕對信賴和支持。

兒玉總督在任期中，爲了參與日俄戰爭而辭去文部大臣之職，轉任滿州軍總參謀本部次長，但仍保留台灣總督之職。台灣則很放心地交給後藤負責。有這樣的信賴，才可能造就出後藤的功績。否則在滿州荒野的對俄戰爭中，兒玉也無法全心全意地想出那麼好的戰略。也可以這麼說，有兒玉才有後藤，有後藤才有兒玉。後藤的部下也有不少人才，或許是因爲他有能力從日本召集這樣多優秀人才，才能造就後藤如此輝煌的功績。

敕任參事官的石塚英藏就是後來成爲台灣總督的人。財務局的祝辰巳繼後藤之後擔任民政長官。專賣局長中村是公、殖產局長新渡戶稻造、土木局長長尾半平、鐵道局長長谷川謹介、醫學校校長高木友枝博士，其他如京大教授岡松參太郎博士等鐵錚錚的幹部，都幫助後藤於統治台灣時留下很大的功績。

在日俄戰爭中耗盡精力的兒玉總督，於確定雙方講和之後，未及返回台灣便去世了。因此佐久間左馬太繼而成爲第五任總督。

半年後，後藤辭去民政長官的職務。後來又歷任南滿州鐵道總裁、外務大臣、東京市長等職務。在這些輝煌的經歷當中，以在台灣的表現最出色。1929年後藤去世，結束其光輝的一生。

佐久間總督繼兒玉總督時代更加專心致力於推動台灣的現代化。主要的成就有：基隆、高雄的建港；阿里山大森林的開發(1911年由河合鈽太郎博士所設計監造的阿里山鐵道全線開通)；以及高山族的理蕃事業。以上爲其當時施政的重點。

總督任期最長(九年)的佐久間總督特別致力於理蕃事業。爲了讓高山族的武器、彈藥繳械，使他們變爲溫厚的農民，於是著手「理蕃事業五年計畫」。因遭遇南部排灣族、北部泰雅族頑強的抵抗，乃出動一萬人的警力和軍隊，以武力鎮壓，結果，使日本遲遲不能解決的原住民歸順了。

「理蕃事業五年計畫」發表於1910年8月，八田與一此時結束了漫長的輪船旅程，踏上了未知之島的第一步。八田與一將要奉獻一生的台灣，經過長久的辛苦奮鬥，正要走上近代化。

照射在八田與一頭上的光輝太陽，象徵著台灣的近代化。

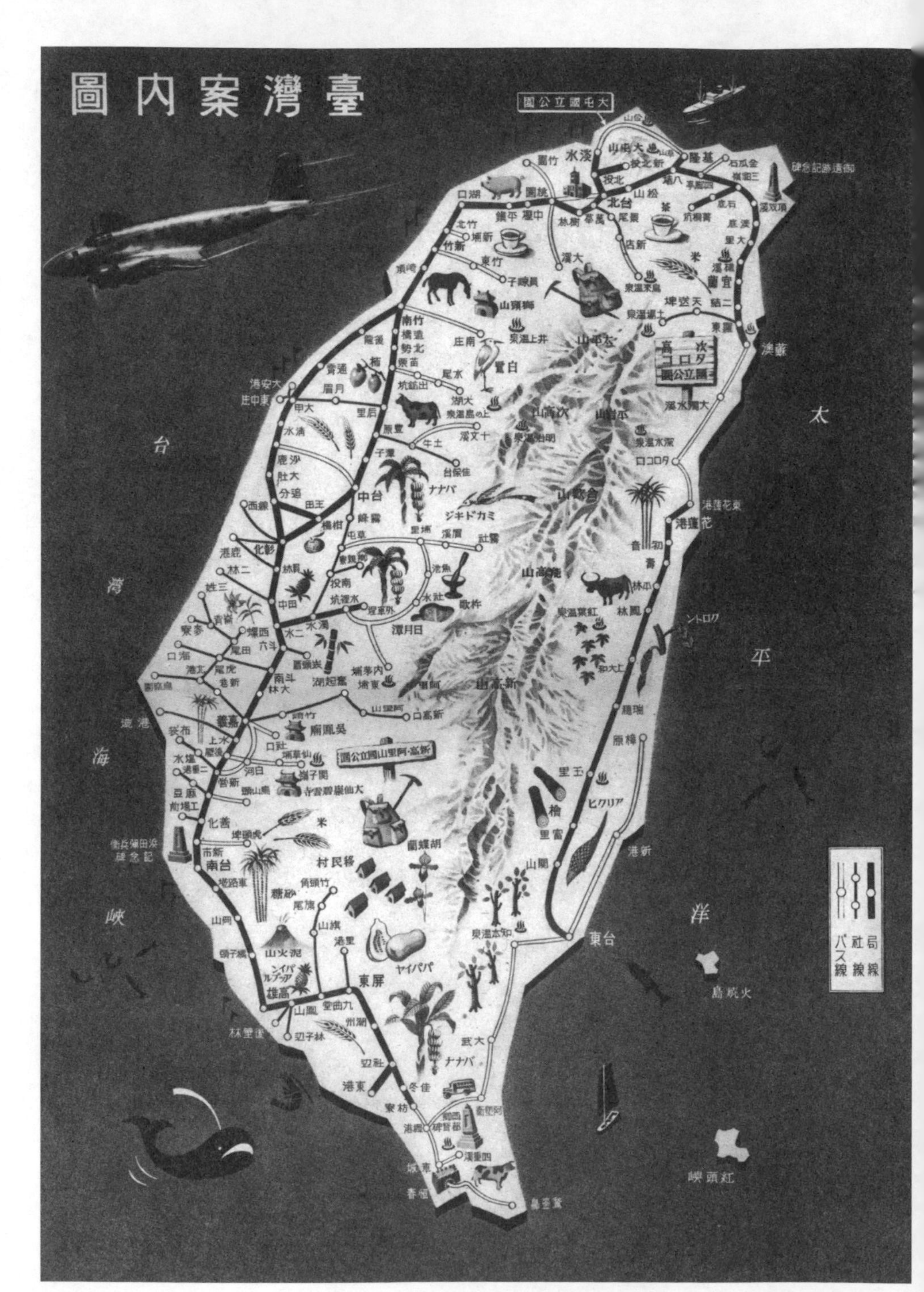
臺灣案内圖
大屯國立公園
基隆
淡水
台北
新竹
台中
彰化
嘉義
台南
高雄
屏東
東港
宜蘭
蘇澳
花蓮港
台東
太平山
次高山
合歡山
能高山
新高山
阿里山
日月潭
次高タロコ國立公園
新高·阿里山國立公園
御遺跡記念碑
濱田彌兵衛記念碑
米
バナナ
パパイヤ
移民村
胡蝶蘭
泥火山
檜
台灣海峽
太平洋
火燒島
紅頭嶼
鵝鑾鼻
局線
社線
バス線

昭和初期活躍於台灣及日本內地之間的聯絡船

【第四章】

渡海的青年技師

初次踏上台灣門戶基隆港的八田與一，從南北縱貫鐵路的起點基隆站搭火車到台灣的首府台北。

台北市位在台北盆地中央，由淡水河邊的舊城內、大稻埕、萬華三個市街形成，但各有其特色。

舊城內有統治台灣的最高機關總督府、掌管經濟諸機關，以及博物館、圖書館等不少的文化機構，是政治、經濟、文化的中心，當然也是日本人最多的地方。

萬華是淡水河邊最早發展的市街。但自從大稻埕地區開發後，台北的商業中心移到此地，萬華往昔的繁華漸漸褪色了。

不像舊城內，這兩個市街住著許多台灣人，中國式的房屋鱗次櫛比。

出了台北站的八田與一直赴總督府接受任命。任命書上簡單寫著「命為台灣總督府土木部技手」。

技手是技術人員的職階之一。職階由上而下，有技師、技手、雇、工手，依台灣總督府的官制而制訂。

大學畢業的技術員都由擔任技手開始。

拿著任命書的八田與一決定在土木部工務課服務。打過了招呼之後，八田與一暫時在總督府附近的旅館下榻。

1911年10月，八田與一終於習慣了總督府的工作。同年更改官制，八田與一服務的單位更名為總督府土木局土木課。

土木課長山形要助在官制更改不久後對八田與一說：

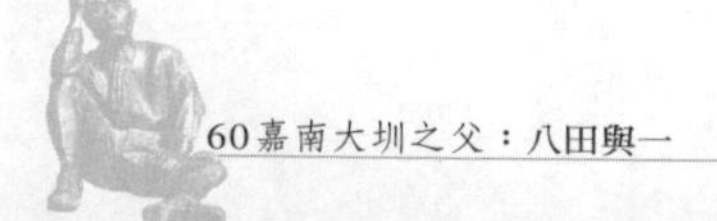

「已經習慣台灣生活了吧！像你這樣的年輕人需要爲台灣做些現代化的大工程才對。爲了讓你了解如何開發那些地方，希望你能視察台灣島各地後提出自己的想法。」

又說：

「我認爲開發台灣應著眼於南部。在打狗(高雄)築大港爲自由港，以打狗爲據點開發南部，是開發全島的捷徑。因此你要全神貫注於南部的視察，期待你的報告。」

八田與一整裝出發，開始了台灣島內的旅行。他特別對南部的中心地打狗多花了一些時日調查。

「打狗」這地名有個趣聞。在打狗山上住著マアカオ族的原住民，人人叫它爲「タアカオ」社。漢人把「タアカオ」發成與它相近的音「打狗」，後來這個部族名稱變成了地名。

這是一段鮮爲人知的記載。江戶時代日本人稱台灣爲「高砂」，讀做「タカサゴ」，原來叫「タカサグン」。這據說是日本人聽錯，誤傳成「タアカオ」。

「打狗」的意思就是打狗。中國的歷史慣例常視其他民族爲野蠻民族，用動物的名稱來取地名。「打狗」是將原住民看做狗一般地打而取的。

像這樣的例子有：基隆是「雞籠」、屏東是「阿猴」、嘉義的民雄是「打貓」等。

這些地名於1920年地方制度大改革時，同時實施地名變更而改成現在的地名。從此「打狗」改爲「高雄」。不過，八田與一視察時還叫「打狗」。日本佔領台灣時的打狗一共只有五百多戶，是一個由打狗山麓的海岸和隔著海的沙洲：旗津漁村所組成的貧窮小港。

進出的大船只有英國「道格拉斯」公司，以鴉片貿易爲主。自從在打狗山發現良質的石灰岩，「淺野水泥公司」便來此採礦，並開通鐵路。打狗漸漸發展成爲南部的中心都市。

總督府也重視打狗港的重要性。經過港灣調查之後，第一期工程於1908年開工，預計六年完工。不過，山形課長認爲，這樣的開發程度仍然不夠。

事實上，打狗就如山形課長所說，是朝台灣的第二貿易港繼續發展。八田與一前去視察時，打狗的人口不滿一萬人，只是一個以打狗山南方的港街和旗津所構成的小市鎮而已，可是從打狗山上俯瞰一片濕潤廣大的土地延伸到

1893年出版的《台灣島》一書中的打狗港

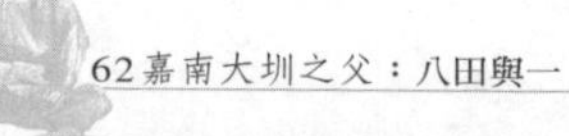

東邊時，讓人覺得它好像在等待著未來的發展。

八田與一視察完畢回到台北後，特別對打狗的開發提出詳細的視察報告。

因當時的打狗是低濕地，築港以後，市街變得比港口低，因此下雨時常常積水。八田與一認為，因應之道是「填高整個市街，使其遇大雨時也可排水」。他將計畫書附上預算表交給山形課長。山形說：「這真是個有趣的計畫案。」但當他接著看完預算表後，對龐大的數字大吃一驚，大聲罵道：「再提出更實際的計畫吧，費用這麼龐大的工程，你認為能夠實現嗎？」

山形駁回了計畫書。

爾後人家給他取名為「狂言八田」。不過，後來在第二期工程將市街填高之後，足以證明他的計畫書不是吹牛。

由此可以看出，八田與一的狂言的確具有先見之明，並不同於一般年輕人的「口出狂言」。

嘲笑八田與一計畫書的山形課長畢業於帝大工科大學土木科，是與一的前輩，剛滿四十歲。他和與一同樣對開發台灣抱著極大的熱忱。表面上他雖嘲笑與一，但心裡卻佩服他的遠見。他後來成爲與一的知己，並且讓他計畫一個大灌溉工程。

1912年中國大陸發生辛亥革命，清朝滅亡，中華民國誕生。

日本年號也由明治變爲大正，但八田與一仍然是土木課技手，爲土木工程的計畫奔走台灣各地。

即將二十八歲的八田與一在1914年6月昇爲總督府技師，同時被調到土木課衛生工程股。

爲了確保飲用水的乾淨，使人民有衛生的生活，台灣主要都市開始施行上水道工程，防止傳染病的發生。

台灣很早就有瘧疾、阿米巴痢疾、霍亂、鼠疫等傳染病。每年因此死亡的人數不少。爲此，很多人不喜歡前往台灣，也有赴台時不攜家帶眷而單身到任的，很少日本人眞正留在台灣爲它盡全力。

連當官的都如此。儘管政府希望日本人能踴躍移民台灣，以達成同化台灣的目標，但傳染病卻是他們最感頭痛的問題。

因爲傳染病是看不見的敵人，極難應付。

不撲滅傳染病，就沒有台灣的開發和現代化，因此總督必須全力解決傳染病。爲挑戰傳染病，除了採取最徹底的方法外，沒有更好的辦法了。

除了普及衛生觀念、新設醫院外，最根本的對策就是整頓上水道，確保飲用水不受污染。整頓處理污水的下水道亦是當急之務。

日本佔領台灣的翌年，即1896年6月，總督府爲整頓上下水道工程而延聘外國技師巴兒敦。可知當時台灣受傳染病的威脅有多嚴重。

有「日本上下水道之父」美稱的英籍技師巴兒敦

當時四十歲的巴兒敦爲了指導日本建設上下水道，於1887年5月受聘於日本政府。他是英國義眞堡出身的技師。

他除了在帝大工科大學擔任教授教，衛生土木工程學，還兼任內務省衛生局顧問技師，設計並指導東京、大阪、神戶、下關、仙台、名古屋、廣島的上下水道設計，留下了不少勛績。後來巴兒敦被稱爲「培育日本上下水道之父」。

擔任內務省衛生局長的後藤新平是巴兒敦的畏友，在巴兒敦任滿九年教職而從大學退職時，後藤懇請他指導台灣的衛生工程設計。

巴兒敦明知此行的危險，仍決心赴台。

當時的後藤是以台灣衛生顧問的身分懇請他。兩年後，後藤改任民生局長並赴台視察。兩人在台再次相逢。

巴兒敦來台時的總督是乃木希典。

乃木總督一邊繼續掃蕩土匪，一邊日夜煩惱如何解決台北惡劣的衛生環境。

乃木總督心中有著悲傷的回憶。他以總督的身分決定來台時，母親也想同往，但他以土匪橫行、傳染病猖獗、台灣之行充滿危險爲由，勸母親不要去，卻反被母親責罵：

「就是危險才要去，連你都不帶母親同往，又怎能禁止部下把家眷留在內地呢？」

因此他不得不帶母親赴任。

乃木總督所擔心的事終究發生了。母親來台後不久，便罹患瘧病去世。

對乃木來講，撲滅傳染病就是替母親報仇，也是一種悲願。

對日本政府而言，巴兒敦的來台不僅像是救世主一般，對乃木總督而言，也是如此。

巴兒敦來台時，帶有一位叫做濱野彌四郎的年輕技師同行。

濱野在帝大土木科唸書時曾受教於巴兒敦，對巴兒敦富有人情味的性格非常推崇。得知巴兒敦將進行台灣衛生工程，再加上後藤的邀請，一畢業就決定任職總督府，跟隨巴兒敦前往土匪橫行的台灣。

爲了調查台北上下水道，台灣總督府顧問技師巴兒敦視察台北市街。

巴兒敦視察完畢，對濱野說：

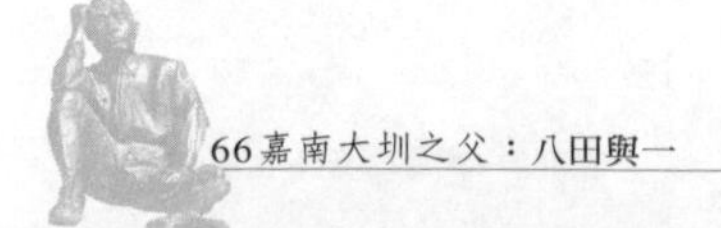

「濱野君，我曾經看過不少都市的衛生設備，卻未曾見過這麼惡劣的。我們首先要做的，不是建設而是破壞。這市街除了先破壞再建設外，沒有更好的辦法。」

可見台北當時的情況有多麼惡劣。

但巴兒敦最後並沒有採取先破壞的方式，而是直接改善並加以建設。

巴兒敦和濱野開始全心投入工作。爲了探尋水源，屢次進入深山。他們一邊設計台北、台中、台南的上水道，一邊繼續指導台北下水道的設計。

來台三年後的1899年，台灣的衛生工程終於露出曙光，巴兒敦卻不幸罹患了他正致力撲滅的瘧疾與赤痢。

不久病癒，但又在返英途中於東京病發去世。他因多年來工作繁重而積勞成疾，再加上瘧疾與赤痢消耗體力導致肝病，享年僅四十三歲。

彌漫悲傷氣氛的總督府以「台灣上下水道之父」稱讚其功勳，並永遠爲他留名後世，於1919年3月，在台北水源地內豎立了銅像。

巴兒敦過世後，台灣上下水道的指導工作由濱野彌四郎繼承衣缽。濱野曾全程參與巴兒敦的調查工作，因此正式施工時，濱野是不可或缺的人。

台北上水道工程於1907年開工，兩年後竣工。巴兒敦的美夢終於實現了。

巴兒敦所調查、設計的上水道工程由濱野完成，可說是巴兒敦催生，由濱野培育而成。

其他工程，基隆於1908年、打狗於1909年、嘉義於1911年開工。台南是八田與一在衛生工事股服務時，即1913年開工的。

八田與一並非因爲濱野技師是帝大前輩而尊敬他，而是對他於台灣未開發時期，冒著生命危險，以開拓者來台的這番作爲而敬仰他。後來並成爲他的部下，漸漸地被他的人格給吸引住了。

濱野技師也將自己跟巴兒敦學習時的形象，投射在八田與一的身上。

八田與一服務於衛生股時，濱野技師正爲人口僅次於台北的台南之上水道工程和台中的工程奔走。

濱野技師讓八田與一參與台南上水道的工程，給他一個學習的機會。

台南上水道的水源是從曾文溪取得的。曾文溪也是後來八田與一所建造的烏山頭水庫的水源。

八田與一因此對曾文溪及從曾文溪到台南的地形相當熟稔。水路的導引或暗渠、明渠的開鑿皆是初步的水利工程，其中有不少知識是必須實地參與才能學習到的。

這些知識對他擔任灌溉工程負責人，以及日後設計嘉南大圳，都有極大的幫助。

八田與一在濱野技師的手下開始工作。經過一年，即1915年五月，佐久間總督被解任，由安東貞美上將繼任總

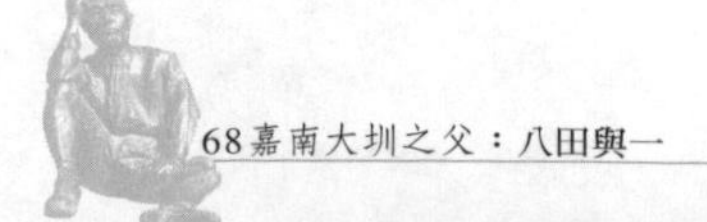

督。

總督更換的消息發佈時，有這樣的軼聞：佐久間總督問部下：「有這位上將嗎？」這話意味著安東上將好像沒沒無聞。

有趣的是安東總督一上任就聲明：「據說台灣是百鬼夜行的大妖魔殿，需要根本地治療。」使得那些常去高級妓院遊蕩的跋扈官僚心生畏懼。

他並且拔擢讓八田技師有設計嘉南大圳之機會的下村宏(雅號海南)爲民政長官。下村民政長官畢業於東京帝人法科大學，留學比利時研究儲蓄制度，回國後進入遞信省，因建立郵政、簡易生命保險制度的成果被肯定而來台。

當時台灣總督的權限很大，所謂「六三法」僅在台灣通行。除立法、行政權外，還有任免法官的權力，因此被稱爲「台灣的天皇」。

但因實務主要由身爲副總督的民政長官行使，因此下村可充分發揮他的才能，進而延伸到日後嘉南大圳的開發。

專攻上水道工程的八田與一於1916年5月奉命赴南方視察。他到過爪哇、婆羅洲、西里伯斯、新加坡、菲律賓、澳門、香港。

八田與一結束近兩個月的視察，不辭辛勞，立即提出報告書。

八月，發佈人事異動，八田與一受命於土木監查股，

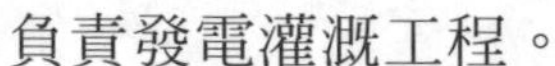

負責發電灌溉工程。

著手計劃嘉南大圳的下村民政長官

八田與一從協助濱野技師興建即將完工的台南上水道工程中退出，是有原因的。

當時總督府財政部土木局為增產稻米而尋找適合的水田，並計畫實施灌溉工程。

此計畫是由下村民政長官在地方長官會議上提出：「只要找到能增產稻米的田地，補助金不設限。」於是運作開始了。

第六任台灣總督安東貞美

首先實施灌溉的地域是台北以南的新竹州桃園高地的三萬三千甲土地。這個灌溉工程是當時規模最大的。

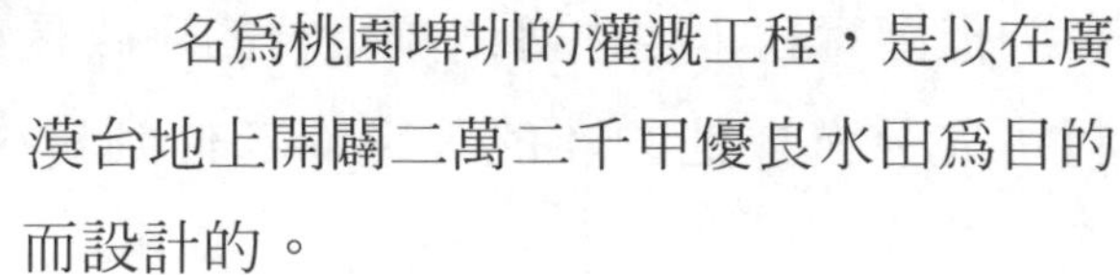

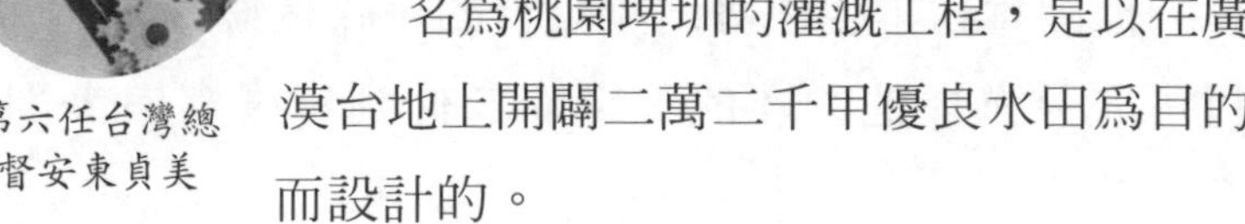

名為桃園埤圳的灌溉工程，是以在廣漠台地上開闢二萬二千甲優良水田為目的而設計的。

土木局擬將此項工程設計派給以八田與一為首的年輕技師們，因此調任八田與一。

用水設施的視察也為此而行。決定負責桃園埤圳工程的八田與一和年輕有為的技師進入深山、跑遍高原，以很短的時間完成了基本的設計書。

此基本設計是在淡水河上游石門設取水口，建造二十公里的導水路，在此導水路途中設蓄水池，再由此分設幹線、支線、分線的給水路，利用河水和雨水灌溉。總而言之，即是利用從石門取水的蓄水灌溉方式。

此基本計畫被總督府認可，1916年11月開工。

隧道七處，總長14.6公里。暗渠、明渠13處，總長5.3公里。蓄水池231處，水路總長282公里。這麼大的規模，費時九年才完工。

總工程費爲七百七十萬四千餘圓。埤圳完成後，二萬二千多甲土地得到灌溉，如原先的計畫，變成了良田。

此爲最後的官設埤圳工程，以後官費、官營的工程便到此爲止。

八田與一設計的桃園埤圳工程的成果被肯定，總督府內對他也有很高的評價。

對八田與一來說，桃園埤圳工程是他設計嘉南大圳的一大跳板。

八田與一已經不是「狂言八田」了。

這是題外話。台灣很早就有「埤圳」這個名詞，相當於日本的灌溉設施，但日本沒有這個詞。

「埤」是農業用蓄水池，「圳」指其水路。

嘉南大圳不用埤圳而用大圳的理由，也許是因工程規模和灌溉面積相差太大，如用埤圳，無法確實表達出它的價值。

精通北京話的出田所長曾經對我說：

「日本沒有圳這個字。用這個字替亞洲最大工程取名的大正時代的日本人，也許是不拘小節的，但比起現在的人，可是度量很大的自由主義者。」

1917年，當桃園埤圳工程差不多已上軌道時，昇爲土木局長的山形要助召見八田與一。

到總督府拜見山形局長的八田與一聽到了出人意料的話：

「工程好像進行得很順利，你做得非常好，下村長官也很高興，今天叫你來，是要你做別的事。」

八田與一驚訝地反問：

「桃園埤圳工程剛開始，沒時間做別的事。」

山形局長稍爲考慮後，用諭示的口吻說：

「我知道了。但是工程設計已經完成了，其餘讓你的部下負責就行了，你只要偶爾指導一下。我要叫你做更大的事，也可以一邊繼續做桃園的事。除你以外，沒有第二個人能勝任此事。」

事實上，桃園工程進行得很順利，只要重點指導，年輕的部下就能應付爲期十年的工程，或許大可趁這機會培養部下。八田與一了解山形局長的意思後，便開始詢問新工程的事。山形局長指示他調查兩件事：

「第一，尋找水力發電的水源。第二，勘查急水溪是否能興建灌溉水壩？這兩件事以水源調查爲優先，可是一件困難的大事，可叫你親信的部下幫助你，切記身體最要緊，深山裏還有傳染病，絕不能感染到瘧疾。因爲對台灣而言，你是很重要的人物。」

爲水力發電所做的水源調查，其實是山形局長本身的構想。

山形局長從打狗築港工程開始以後，就有「打狗築港後，先使它成爲自由港，然後再進行台灣南部開發」的看法。

打狗於1908年開工，但它的規模算是小的。

此工程延續到1923年。在1914年時，必須完成碼頭873公尺、護岸1500公尺、電動吊車八台、倉庫940平方公尺、塡土25000平方公尺的規模。

打狗將成爲南台灣的貿易港，這是誰都看得出來的。

山形局長的看法逐漸被肯定了。

但這裏有個問題，那就是如果將來打狗發展得越大，電力就越不足，如此便會阻礙它的發展。

因此山形局長不只爲打狗考量，更爲供應充分的電力以振興台灣全島的生產事業，因此必須建造大規模的水力發電廠，尋找水源成了當急之務。

另一件調查是在急水溪建造灌溉水壩的計畫，這是地方廳長所提出的。嘉義廳長津田毅一得知桃園埤圳動工後，就提出申請：

「在急水溪有適當的水壩用地，若建造像桃園埤圳一般的灌溉設施和水路，必能增產稻米，請速調查。」

對總督府來說，下村長官也曾在地方官會議中呼籲尋找增產米穀的土地，不能忽視。因此委託土木部調查。

山形局長本來礙於土木課正在進行桃園埤圳的建設，未積極認同，但又想到，如與水源調查同時進行，那可是一舉兩得。

八田與一一面指示桃園埤圳工程的進行，一面帶著數名優秀技師，從事水源地及急水溪的水壩用地調查。

依八田與一的性格，被交代的事，絕不馬虎。他具有一旦開始工作，一定貫徹到底，直到自己滿意爲止的工程師氣質。不顧危險進入未開發、瘧疾、阿米巴痢疾肆虐的地方，盡全力爲調查而奔走。

調查結果發現，日月潭是最適當的水力發電水源地，而且是最有利於建設發電廠的地方。至於急水溪築水壩的調查，認爲蓄水力不足，且能灌溉的面積不多。但八田與一的報告書中並沒有出現「急水溪不適合建水壩，即使建了也沒有什麼未來性可言」這樣的字句。

因爲在實際調查急水溪水壩所能灌溉的範圍時，八田與一一行人向西進行，才發現在貧瘠荒地上耕作的農夫所需要的灌溉面積是如此地龐大。八田與一愣住了。

八田與一認爲這麼一大片的土地，唯有灌溉使其變成肥沃的田地，才可望增產糧食。

這麼看來，津田廳長申請書裏所提出的看法是正確的。

八田與一興奮極了。十萬甲的土地在等我，沒理由把這些土地閒置一旁。讓水使這些土地復甦，到底需要建造什麼樣的水壩？是否另有取代急水溪水壩的適用地呢？八田與一再度開始調查水壩適用地。

首先從調查過去是否有水利建設工程開始。結果發現官田溪上游，一個叫做烏山頭的地方尚存荷蘭時代和清朝時代所建造的偌大的遺跡。

以官田溪爲中心展開調查，在遺跡的上游發現適用地，又在龜重溪上游也發現適用地。

爲何需要兩處適用地，這是因爲灌溉十萬甲那麼大的土地，只靠一座水壩的水量是不夠的。

發現水力發電水源和灌溉水庫的適用地之後，八田與一滿足了。

剛開始爲了尋找水力發電的水源而作的調查，有了意想不到的收穫。

八田與一的基本構想是，在官田溪、龜重溪興建水壩、舖設水路，在嘉南平原建設一個龐大規模的灌溉工程，同時做排水工程，這不僅可以改良將近十萬甲土地，也可以解決洪水、缺水及鹽害，其結果，可增產七萬五千噸糧食。由此可以推知，八田技師認爲嘉南平原急需灌溉。

嘉南平原是橫跨嘉義廳和台南廳南北長92公里、東西長32公里的地域，被稱爲台灣最大的平原，大部分位於台南廳境內。

由北依次而下，嘉南平原有濁水溪、新虎尾溪、北港溪、朴子溪、八掌溪、急水溪、曾文溪等大大小小七條河川流經。

濁水溪是台灣最長的河流，長170公里，流域面積廣達3114平方公里，因溪水泥濁灰黑而得名。

官田溪是曾文溪的支流；龜重溪是急水溪的支流。

位於濁水溪和曾文溪之間的嘉南平原，年雨量爲2500公釐（東京是1050公釐），且集中於5月至9月的雨季，尤其其中的三個月集中下豪雨，遂引發洪水、河川暴漲，淹沒了田園和房屋。

相反地，在秋冬的旱季裏完全沒雨水，地皮乾裂，季節風一吹就塵土飛揚，連飲用水都保不住。如此的情形，年復一年。

縱貫鐵路沿著嘉南平原的東邊延伸，只有鐵路以東靠山的部分勉強可做爲水田。從鐵路向西開展，廣大平地是下雨時才成爲水田的看天田，只能種植需水量較少的落花生和甘蔗，及一些草地散佈其中，但連這也得靠爲數不多的池塘和小河流時有時無的水量來灌溉。

更不用說因靠近海岸受鹽害而被放棄的那些地區了。那裏受到從台灣海峽吹進來的海風和飛沙浸入的影響，草木不生，地面因含鹽分，呈現白色粒狀。

嘉南平原的命運受到洪水、乾旱和鹽害的支配，是一塊不毛之地。歷史上留下以種種方法引水變耕地的努力記錄和遺跡。

十七世紀來到台南的荷蘭人，一得到原住民的信任，就覬覦這個廣大的處女地。其後，經由鄭芝龍(鄭成功之父)的協助，將在福建、廣東地方爲戰亂及糧食不足所苦的流民帶到台灣，從事處女地的耕作。

荷蘭人對中國來的居民所實施的土地制度，稱爲王田制。

王田制仿效荷蘭本國的土地制度，其土地全屬東印度公司所有。在那裏耕作的居民被視爲佃農，當他們遷到墾荒地時，貸與農具、耕牛、資金等，代價是5%～10%的耕

荷蘭人所建的「三腳埤」磚造堰堤

作稅。比起當時日本的稅，超乎想像的低，就算和現在的稅比較，依然是很低的。且還得爲他們在缺水的地方建設蓄水池和引水溝渠。當時荷蘭人所造的堰堤，現今在烏山頭還有遺跡。

此遺跡位於烏山頭堰堤入口，登高約200公尺處，右邊石牆上豎有一個立碑，寫著「三腳埤」三字，仍可看見殘存的磚造堰堤。

又，至今仍留有清朝康熙帝末年周鐘瑄縣知事捐出糙米百石薪餉，協助居民建造「烏山頭陂」泥巴堤的記錄。

由此亦可知，嘉南平原的居民自古以來就忍受缺水之苦，因而盼望能有灌溉設施。所以農民對努力建設灌溉設備的人感恩崇拜是很自然的事。但是，想爲嘉南平原施行水利工程，使其復甦爲肥沃土地的人不再出現了。

對嘉南大地，八田與一懷抱著建造大規模灌溉設備的構想。綜合調查結果，向山形局長提出龐大的計畫。

山形局長大略翻著厚達數十頁的計畫書：

「辛苦了，很不簡單的調查吧！讓我仔細看。聽說水源方面是日月潭適當，但急水溪不適合的樣子。」

八田與一說：

「雖然結論是急水溪不適合，但已找到替代的地方。請您討論一下。」

「我了解，你一定做了驚人的事吧！還有預算的事，我得仔細檢討一下。你可能累了，稍微休息好了。」

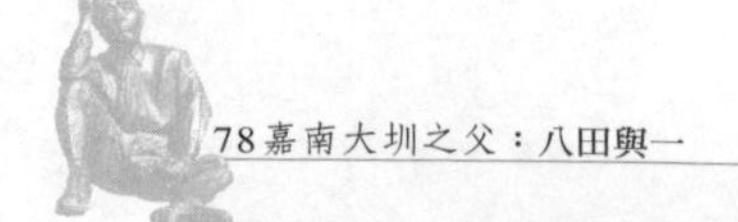

「關於這方面，我想請假回金澤。老實說是有關婚姻的事，我已到了結婚年齡，家裡一直催，想趁這機會結婚。」

山形笑著允諾，並祝福他。

八田與一又視察桃園埤圳工程進行的狀況後，便回金澤結婚了。1917年8月14日，八田與一和米村外代樹結婚。當時與一正值三十一歲，外代樹剛滿十六歲。外代樹之父米村吉太郎是金澤市上胡桃町(今之兼六元町)開業的醫生，與妻育有一男三女。

吉太郎生性篤厚，後來當選醫師會會長和縣議員。外代樹是一位美麗的小姐，3月剛從金澤第一高等女子學校以第一名成績畢業。

八田家因擔心八田與一不想結婚，因此想將以優秀成績畢業的小姐嫁給他。當時以第一名畢業於女校，知事會贈送銀錶。除外代樹外，還有一位同樣獲贈銀錶的小姐，在這兩人之中，八田與一選擇了外代樹。

八田家因米村家是醫生，所以派當醫生的三男智證前去提親。米村家當初不太積極，因為擔心剛畢業不懂事的小女嫁到狀況不明的台灣。特別是外代樹的母親，極力反對，父親只好以「外代樹自己決定」為由說服了她。

結婚後兩人赴日光、伊香保蜜月旅行。回金澤後不久，因擔心將要嫁到陌生地的外代樹，米村家遂讓女僕みさお一起前往台灣。

兩人結婚時，雖說台灣經日本開發而有豪華的市街，但比起日本內地，還只是個未開發的地方。實際上還有恐怖的瘧疾、阿米巴赤痢在各地肆虐，而且從金澤到台北，需要將近十天的路程。

雖然如此，總督府所在地台北的市街整齊得像個都會，比起黑暗多雪的金澤，台北陽光普照、碧天無雲，值得安慰。

兩人在台灣人比日本人多的商店街西門町租屋居住。

有一天友人說：

「總督府的技師住在那個地方，不太好。」

八田與一笑著說：

「住在方便的地方比較好，內人不會寂寞。而且她需要趕快了解台灣，爲要了解台灣，我想跟台灣人學是最好的。」

這話好像是說：台灣人和日本人不是一樣嗎？

八田與一不是喜歡炫耀權威或擺架子的人。

雖然八田與一有了家室，但忙碌的工作使甜蜜的新婚生活不得不中斷。

大正11年時期的八田與一技師家族
左起：八田與一、長女正子、長男晃夫、妻外代樹、女中みさお

【第五章】

宏大的構想

土木部正在商討八田與一等人所提出的兩件工程，有關日月潭水力發電事業和嘉南平原灌溉工程。

關於日月潭水力發電廠的興建，總督府也認爲，爲解決電力不足，應趕緊興建。因此土木部只要判斷水源是否適當，就沒什麼大問題。

但關於開發嘉南平原，則議論百出。桃園埤圳工程才開工沒多久，是否需要開始新的灌溉工程？如果再加上亞洲最大的日月潭工程，那麼土木部就得負責三件巨大的土木工程。假如嘉南平原的施工時間能再緩一緩，不就行了嗎？

對於嘉南的灌溉計畫，總督府原本就沒有這個打算。它不過是八田技師在調查急水溪水庫時所衍生的計畫而已。此計畫是桃園埤圳的四倍；將近十萬甲的龐大工程，單單想到它的規模，就令人頭痛了。

首先是否有預算？如何籌措資金？每次談到資金就受阻，這兩件工程都需要相當於台灣總督府歲收的巨大資金。但沒有一個人敢批評八田與一所計畫的工程是無謀、不能實現的，反而驚訝其構想宏大，令人不禁這麼想：「如此大計畫的提案，除了八田技師，不做第二人想。」

已經沒有人嘲笑八田與一是「狂言與一」了，大家都被他的大格局懾住了。尤其讓山形局長回想起，八田與一赴任不久所提出的高雄市街塡高工程計畫，因需要龐大的預算而責罵他的事。

現在的八田與一充滿自信。山形局長對賦予八田與一去調查的事感到高興。兩件計畫都經山形局長肯定後，向下村民政長官提出。

下村長官傳喚八田與一，詢問有關計畫的事。

「八田君，像這麼大規模的灌溉工程，在日本內地是否也有這樣的施工？」

「不，沒有。這個工程完工時，可能不只在日本，就連亞洲也無其例。」

「你能做嗎？山形君說，如果實施的話，除了你，不做他人想，你有把握嗎？」

八田與一想了一會兒，回答道：

「我有把握，因爲有把握才計畫的。只不過有關資金的問題，身爲技術者的我就不知道了。」

「好，資金問題包在我身上。除日月潭外，可能還有種種障礙，我們試試看吧！亞洲最大的兩件工程都在台灣建設，這是件愉快的事。而且可以讓內地(日本)人驚訝一番。」

下村長官信賴年輕的八田與一，把美夢託付在他身上。

不久，1917年冬，總督府決定著手這兩件有前瞻性的事業。

關於日月潭水力電氣事業，寺內內閣本已有這樣的打算：「爲日月潭水力發電廠之建設繼續調查，財源取於公債，爲官營。」卻因出兵西伯利亞，影響到公債政策，因此不得不延期一年。

關於嘉南平原灌溉工程，有如下的公佈：「以官田溪及龜重溪流域為水源，可供應灌溉。同時施行排水設備後，可供給七萬五千甲土地充足的水，這被認為是最有利的事業。因此，此工程的主要部分以國費充之，細部設備由利害相關者施行。」開始執行不毛之地嘉南平原的灌溉工程。

此事是八田與一的構想，並經總督府認同。且總督府表明決定盡全力開發嘉南平原。

在此略述以後也常常用到的面積單位：「甲」。

這要追溯到十七世紀荷蘭時期來到台灣安平的荷蘭人，起初只做貿易，後來為開墾台灣土地，用漢人移民在這裏實施有名的「王田制」。

此制度是所有土地均屬於東印度公司，在這個制度下，工作者是佃農。它不過是將在荷蘭實施的封建土地制度拿來套用而已。

當時所使用的土地面積單位就叫「甲」。

一甲相當於日本的2934坪，一町步為3000坪，因此一甲等於0.978町步；一町步等於0.9915公頃，一甲等於0.968公頃，大約等於一公頃。本書以一甲約一公頃來換算。

「甲」這個單位在明鄭時代也被使用，清朝時代覺得似乎不好用，好幾次擬將「甲」改為中國式的畝頃制，結果失敗了。日本統治時代也繼續使用「甲」。

總督府內務局土木課的公文全部用「甲」，或同義的「甲

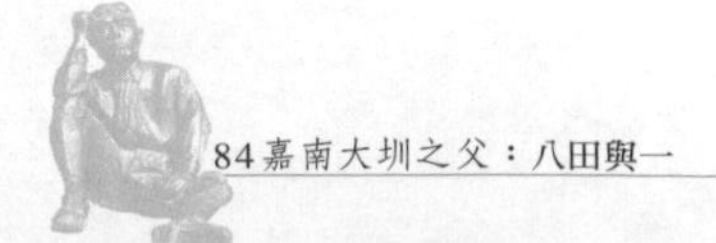

步」。這個單位現在也被普遍地使用。

此事可證明，要改變深植民眾心中的度量衡是如何地困難。

如沒有特別需要，以官僚一時的想法或不習慣就想加以變更，是令人難以忍受的。也許如此會引起民眾小小的反抗。

現在回到本題。

有關足以令人驕傲的亞洲第一大規模的兩件土木工程的發表，是台灣有史以來的大事業，對嘉南人而言，是劃時代、無法置信的事情。

然而，這個計畫最後卻因不見天日而暫停了。

因爲受了日月潭發電廠興建計畫不能照預定進度的影響，預算分配上不能得到總督府的認同。

當時日本內地米糧不足，米價正在繼續上漲。1916年每石(142.5公斤)十五円的米，到1917年漲爲二十円，1918年更漲爲三十円。因此，7月22日在富山縣魚津町所發生的奪糧暴動波及全國。

奪糧暴動爆發的前一天，台灣總督府正迎接明石元二郎陸軍中將爲總督，接替安東總督。

明石總督跟其他總督不同。大部分的總督都帶著親信的民政長官同來上任，但明石總督卻留用安東總督時期的下村民政長官。

此事不僅對嘉南平原的農民有利，對全台灣人民也是

大力推動開鑿嘉南大圳的第七任台灣總督明石元二郎

福音。

因為下村長官將在明石總督的指揮下充分發揮能力，開始龐大土木工程的動工，並陸續改革行政，因而得以在台灣統治史上留下輝煌的足跡。

明石、下村的搭檔並不遜於兒玉、後藤時代。

其主要政績如下：台灣電力株式會社的創立、日月潭水力發電工程的動工、台灣教育令公佈施行、地方自治的制訂、縱貫鐵路中部海岸線的開通、華南銀行的設立、台北高等商業學校的創立、二審司法制改為與內地相同的三審制、決定嘉南大圳動工等等。

下村民政長官的政治思想至今還十分管用。關於嘉南大圳工程的開工，雖然下村長官的功勞不小，但使他能自由發揮的，正是明石總督。明石總督也是一位很有想法的大人物。

明石總督以第七任總督來台灣就任，是1918年6月6日的事。於1919年10月24日因肺炎病逝。

明石總督雖然在位時間有一年四個月，但因病情的關係，實際執行業務僅約一年。是十九位總督中唯一在任內死亡的。

就明石元二郎的成名功績來說，在台灣時期的他，不

如在歐洲時來得活躍。

1904年日俄戰爭爆發時，駐歐洲的武官明石接到「在俄國煽動革命」的秘密電報，和二百萬円從事機密活動的巨額費用，以歐洲爲舞台，開始展開行動。他將在瑞士購買的武器彈藥交給革命派，同時煽動革命，且從事諜報及協助破壞活動，從內部動搖俄帝國。

一談到日俄戰爭的勝利，日本人可能就會回想到東鄉平八郎元帥和大山巖元帥當時活躍的情形。實際上，若沒有明石元二郎的地下活動，就沒有反俄帝國國內革命派的援助和煽動。而如果俄國舉國一致挑戰日本，也許日俄戰爭的結果將被改寫。

日後，陸軍參謀本部因畏懼其行動及組織力，稱他爲「明石，這個可怕的男人」。

也有元老們暗地裏說：「那個男人根本就是總理大臣的人才嘛！」

明石任職台灣總督府僅一年餘，就結束了他五十六歲的一生。

明石總督的墳墓曾建在台北的北方三板町公墓（譯注：現今林森公園西邊）。戰後因從大陸遷來的中國人在上頭蓋違章建築居住，已經找不到墓石了。據說是在現今的林森北路、南京東路交差口的林森公園西邊一帶，但我不能確認。（編按：明石墓地因闢成公園，已移往三芝安葬。）

一個引導日俄戰爭勝利的幕後主角不幸在台灣殉職，

其遺骸尚留在台灣，只能說他是一位悲劇性的總督。

迎接明石總督的總督府雖決定不放棄安東總督時代停頓的兩個事業，並繼承推進的方針，但體悟到用官營方式同時動工的困難，遂大大地改變方針。

有關日月潭水力發電事業，決定以1918年的7、8月為開工目標，以官民共同經營的方式，設立股份有限公司，徵股籌措資金。

由官方專營變為官民共營，計畫順利進展，於1919年7月設立台灣電力株式會社(股份有限公司)，並同時動工。

1922年雖工程一時中斷，1931年再度開工，1934年第一期工程完成，開始營業。

爾後再推行第二期工程，最大供電量十萬千瓦，電力輸送到台灣島內的每一個角落，成為加速台灣近代化的動力。

如此，由水源調查開始的水力發電廠的興建計畫，閃耀著輝煌的亮光閉幕了。

現在日月潭不以其發電廠聞名，而以風光明媚成為著名的觀光勝地，是吸引日本人前往遊覽的景點之一。

另一方面，關於嘉南平原的灌溉工程，雖然提出「由利害相關者設立組合，交由民營施工，政府提撥相當金額的補助金，監督工程使其順利進行。動工時間比日月潭發電廠晚一年」這樣的方針，卻沒有做出決定，最後由內務省招聘技監繼續調查。

爲此，1918年9月，由內務省招聘技監原田貞介，以八田與一的構想爲基礎，對嘉南平原的灌溉計畫做全面的實地調查。

但當以原田技監和八田與一爲中心的實地調查工作正要展開時，嘉南平原一帶的社會局勢發生了大變化。

這是由一大堆的請願書湧向總督府開始的。

這些請願書是多位地方廳長於得知總督府發佈嘉南平原七萬五千甲的灌溉計畫因預算關係而無法決定後，收集農民的請願書提出的。

請願書裏附帶寫著：「若是預算有困難，由相關農民盡量負擔經費和勞力，每甲土地最多提供二百円做爲工程費的一部分，以茲節約國費。」「請盡快施行工程。」

這請願書光由地方廳長向台灣總督府提出的就有六十五份，請願人數包括了三百三十一街庄達一萬一千五百餘人。包含向地方廳長所提出的，共裝了二十餘箱，數量之龐大，可見一斑。

但這並不是所有嘉南農民都在請願書上署名捺印，大多數農民反而是不贊成的。因此各地郡守一邊說服反對者，一邊動員警察半強制他們捺印署名提出。

幾個反對的理由中，最主要是地主、組合員擔心每年要付平均每甲十円的分擔費。

台灣的地主長久以來被清朝的官吏所騙，一有工程就收錢，結果吃了好幾次苦頭，最後工程沒下落，錢卻進了官吏的口袋。

因此地主以爲日本官員和清朝官吏一樣騙人，所以他們認爲每甲土地所付的十円分擔費，最後仍會被日本官員拿走。他們會這麼想，也是理所當然的。

尤其到現在爲止，勉強耕水田、種植甘蔗的農民不需要灌溉用水，所以不願意付分擔費。原以爲因缺水而煩惱的農民會感到高興是很自然的事，沒想到他們並不喜歡。

有水灌溉後，當然會被迫耕水田，不能再像原來那樣種植自己喜歡的東西。而且耕水田需要不少資金，但嘉南並沒有資金和技術。何況還要無償提供水路用地，還要提供勞力。他們過去雖然貧窮，但生活還過得去，就算勉強提供金錢、土地和勞力，難道就能保證一定成功嗎？首先，他們不能相信官員；未曾聽過將近十萬甲土地灌溉的事。這就是老實農民的心情。

我們不能怪農民的想法。連當時說服農民的官員之中，相信嘉南平原的巨大灌溉能百分之百成功的也極少。但因農民不敢反抗上級，只好被說服捺印。

請願書如上所云高高地堆在總督府之時，日本內地不但奪糧暴動尚未平息，甚至波及全國，變成一大問題。米價一直上昇，每石突破四十円，直逼四十五円。

增產米穀已成爲政府最重要的課題。總督府也不得不受其影響。

請願書和政府提倡增產米的必要性是嘉南平原灌溉工

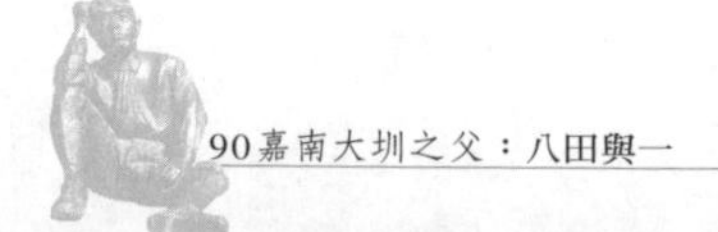

程得以動工的主要原因。

總督府自知，在原田技監和八田與一爲中心的技術人員完成調查後，必須做出最後的決定。於是在完成調查、整合報告書之後，便向土木局提出。

報告書跟八田與一曾經調查急水溪水壩適用時的內容一樣，記述嘉南平原灌溉設施的實用性。並指出官田溪是興建水壩的最適當地點。

關於龜重溪：「雖曾計畫在龜重溪興建水壩蓄水，但因其蓄水力弱，需耗費較多的工費才有蓄水可言，但這樣不合算。在沒有其他水壩適用地的情況下，最後只好考慮從濁水溪直接取水。」

上述報告將由龜重溪取水變更爲從濁水溪直接取水。因爲要在龜重溪築壩蓄水，就得在烏山嶺挖隧道自曾文溪引水，而這個長隧道，需要龐大的工程費。

在後續的報告書裏，八田寫著驚人的內容：

「因嘉南平原除了自官田溪蓄水池和濁水溪取水外，沒有水源，倘將灌溉面積限於一部分，其餘耕地將持續爲不毛之地。因此，我認爲變更計畫使嘉南平原全域灌溉是爲上策。」

總督府所公佈的七萬五千甲的面積已經夠廣大了，竟還敢說：如要灌溉，乾脆就整個嘉南平原如何？看完這樣的內容，山形局長驚訝不已，眞不敢相信！龜重溪改成濁水溪是可以理解的，但灌溉台灣最大平原一事，從沒想過。

「就算八田與一的調查常將計畫擴大，但無論如何，這實在是個超大的計畫。雖然理想越大越好，但光靠理想，工程是做不成的。」

這份報告是經內務省技監實地調查後作成的，而且局長深知，八田與一絕不會提出不可能的計畫，似得先聽聽他的口頭報告後才呈報總督或長官。於是山形局長召集土木部幹部，爲作最後決定而開評鑑會議。

討論的問題只有一個：是否灌溉全嘉南平原。

局長問：「假設灌溉嘉南全域，面積有多大？」

「沒有詳細測量，不知道確實數字，我想大概有十五萬甲吧！」八田與一冷靜而且自信地回答。

八田與一有個信念，這個計畫一實現，台灣的農業就有大變化。他相信，如果現在不做就來不及了。

超乎一般人的想像，這十五萬甲等於香川縣那麼大的灌溉面積，別說日本，就是在亞洲也是無與倫比，如此大規模的灌溉，也是世界罕見的。沒有人做過或見過這樣的工程。

「我從事土木工程有很長一段時間，卻沒想像過十五萬甲的灌溉規模。光考慮到給水路的長度就吃不消了。連桃園埤圳計畫的給水路就有二百多公里，你有考慮過十五萬甲所需要的給水路嗎？」局長加重語氣說著。

「水路也需要詳細調查，至少超過桃園埤圳的十倍或二

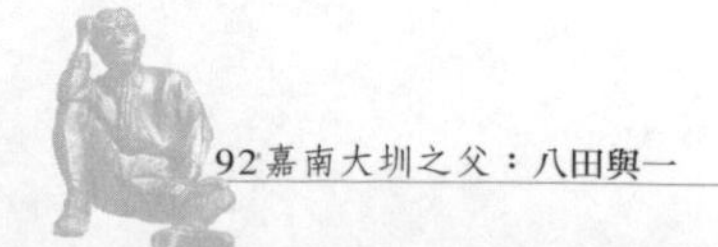

十倍吧，若再加上排水路，恐怕連我也不清楚。但不管水路多長，只要有時間、金錢、人才，就一定做得來。比這還令人擔心的，是官田溪的堰堤，照我的計畫，它的長度需要1000公尺以上，高度超過50公尺，這樣的堰堤，別說日本，連亞洲都沒有。我正在研究用什麼工法來做這樣的堰堤。」

另一位技師問：「我想，灌溉十五萬甲需要龐大的水量，只靠兩個水源好像不夠吧？」

八田與一再說明：

「是呀，一次要同時灌溉十五萬甲，在嘉南是沒有這個可能性。但如果築三、四座像官田溪那麼大的堰堤，也許就夠，而這樣的地點，除官田溪以外，沒別的地方了。儘管這樣，我想仍應該做十五萬甲的灌溉設施。」

「爲什麼？做一個不能灌溉十五萬甲全部土地的設施是沒有意義的。如果不能一次同時灌溉，那麼用什麼方法灌溉呢？」山形局長問。

三十二歲的年輕八田與一沉著地表示他的意見：

「這不是技術員的觀點，而是我個人的想法。因爲兩個水源每年可供水的面積最多近七萬甲，因此這七萬甲可以收割稻米。而這以外沒水灌溉的地方仍是不毛之地，別說稻米了，連甘蔗及雜糧都收成不好，這種情況將永遠繼續下去。如果這樣的話，有水灌溉的地域可實施近代農耕法，農民收入將增加而變得富裕，但其他農民則永遠繼續封建式的農耕法，無法脫離貧困。同是嘉南的農民，因其耕地不同，被明確地分爲富農及貧農，這對台灣的將來絕對不是好現象。我是農家子弟，我認爲再也沒有比怎樣耕作都不能收穫的農民更慘了。因此我考慮將嘉南平原分爲兩三個地域，每兩年輪流給水，讓全嘉南農民都可平等享受到水的恩惠，這麼一來，兩個水源就夠了。有水的地域種米，沒水的地域種甘蔗或雜糧。現在因米價高，農民不喜歡種甘蔗，因此台灣的糖業苦於原料供給不足。這個作法可以解決此問題，並且可使嘉南農民知道什麼是近代農業。所以，除了灌溉嘉南十五萬甲土地，別無他法。」

八田與一長長的說明終於結束了。他由技術者變爲農民，站在農民的立場考量。絕大多數的技術者認爲，土木技術只造水庫及水路，讓農民有水就好了。如何使用則是別人的事，並不是土木技術者的責任。尋找適當的土地、趕緊建造一個夠堅強而便宜的水壩，才是他們的使命，除此以外不必再考慮。

但八田與一不以爲然。儘管建造了一個很好的灌溉設施，如果沒有適當地使用，便失去了意義。而且這個灌溉設施如果沒有改變利用它的農民以及大地，就不能夠說這塊土地獲得重生。總而言之，灌溉工程是爲了農民而造，並非爲總督府或技術者。八田與一如此想。

將嘉南平原分爲二或三區，每一年變更供水區域的想法後來稱爲「三年輪作給水法」。在發表嘉南大圳實施想法時，八田與一並未深入了解農業技術。只想以不充足的水來灌溉全嘉南平原，除此方法以外，嘉南農民不能享有水的恩澤。沒有水的恩澤，就難以將不毛之地變爲綠色大地帶給農民歡喜。

但誰都無法預料，不久，這方法給完工後的嘉南大圳組合及農業技術者帶來很大困擾。

山形局長和土木部幹部聽完八田與一的話，稱讚他的構想極好，並發現他善良的人性。

山形局長想，八田與一正在實現自己所不能達成的計畫。

「我了解也許有些反對意見，不過土木部決定提出八田案。比起以前的社會狀況，已有大的變動。也許嘉南十五萬甲的灌溉事業並不是夢想。」

局長看著已大有長進的八田與一的表情，做了這樣的結論。

結果此案由下村長官提出，交由總督府幹部研討。

山形局長代八田與一說明計畫。參加者雖對十五萬甲的灌溉計畫驚訝不已，但對有關擴大耕作地則沒有意見，只擔心技術上是否可能而已。關於此事，山形局長說：

「如果計畫周密，技術上並非不可能。只不過官田溪水壩有可能成爲亞洲第一，甚至世界上未曾有的巨大水壩，關於這點，八田技師也感到擔心，不過他一定有把握。」

「對嘉南的供水方法是否可行，因缺乏經驗，還有些不了解的地方。但我想，除了採取這個方法之外，無法搶救嘉南平原的不毛之地。」

對於這些意見，農業相關人士出現反對的聲音。

「將灌溉區域分割供水的方法，大島農業部長曾經說已在德國以『三圃農法』實施，但在台灣好像不太適當。此方法是一種集體耕作制，實際上要先換地後才以協同經營的方式進行。對有封建聯繫的台灣農民也許行不通，而且也需要教導嘉南農民稻作技術，對無經驗及資金的農民是否可行，很令人懷疑。不客氣地講，教導輪作制遠比造灌溉水庫及水路還難。」

這個看法很正確。當時台灣農民是以「贌耕制度」結合的。

贌耕是佃農向地主借地耕作，以收穫的一半爲佃租。不過有趣的是，地主不但貸與土地，也提供一半肥料，而收穫則完全平分，連可以當燃料的甘蔗根，也是如此徹底地平分。當然其他也有自耕農及盜耕的農民。後者是擅自開墾公有地變爲私有地而得名。

此贌耕制度已有二百年以上的歷史，因地主與贌耕的結合很密切，所以很難採用共同經營的方式。

而且嘉南農民既貧窮又對近代農耕法無知。住的是以竹作柱樑、以甘蔗葉編壁及蓋屋頂的簡陋房屋；只有爐灶和煙囪用磚造；睡的是稻草床舖，多麼貧窮的生活。磚造屋是少數地主之家才有，大部分是甘蔗葉的房舍。當時的環境無法教導農民稻作技術及出資的狀況。

現在要讓農民學習近代農耕法，幾乎不可能。農業相關人士理所當然反對。

但是只大八田與一十二歲的山形局長，正努力讓八田與一的構想可以實現。

「大家所講的都有道理。但是這樣的狀態繼續下去話，對台灣的將來絕對不好。請你們想想，這是放棄瞨耕制，讓農民知道近代農耕法的好機會。雖然改革需要很大的努力，但是指導他們不就是農業技術者的工作嗎？除此以外，沒有開發嘉南平原的方法了。」

說到最後，變爲懇求的語調。過去是工程一旦完成，就代表全部告一個段落，但這次不同；完工是完工了，但完工後還有新的工作，而且關於人事的工作才要開始，甚至沒有成功的把握。

議論仍繼續不斷，最後由下村長官作結論。

「問題是很多，但若怕，就什麼都不能做。最可怕的不是工程以及輪作制的實施，而是不想實行的怠惰之心。所幸日本的狀況對我們有利，陳情書也是堆積如山。總督府對預算方面也給予支援。大家試試看吧！爲台灣的將來……」

如此決定了嘉南平原開發的命運，但暫未發佈。因爲以前有發佈後卻遭停頓的痛苦經驗。

1919年1月，委託神保小虎博士展開官田溪預定地土質的調查。結果：「官田溪因有些地方土砂崩坍，水庫有慢慢變淺之虞，其他則沒問題。」這樣的報告證明了官田水庫的安全性。總督府命令土木部製作工程計畫書及預算書，並以八田與一為首，著手進行。

八田與一感到很滿足。自己所企劃立案的計畫受到總督府的肯定，將要進行最後的調查，而且被委以大任，讓他掩不住心底沸湧的喜悅。

加上2月3日從金澤省親的妻子打來的電報，長女誕生了。兩件喜事在八田與一腦中躍動著。

八田技師於草創時期的烏山頭測量小屋

【第六章】

亞洲第一的灌溉計畫

剛誕生的長女命名爲正子。1919年3月，八田與一率八十餘名技術員赴嘉南平原調查。

爲了調查，將本部設在嘉義，也在水庫建設預定地烏山頭蓋了粗糙的測量工寮。

調查工作好比與時間賽跑。因爲最遲在十月要收集所有調查資料後提出，讓預算通過。

十五萬甲大面積的水路的測量、官田溪堰堤的測量、曾文溪導水路的測量，以及各種工程費估價等等，都要求正確和迅速。

白天赴嘉南平原的山野測量，晚上則以測量結果來設計及作預算案，在炎熱的天氣下不斷進行。八田與一每天早上五點半從本部出門，晚上伏案到一、兩點，只能睡三、四個鐘頭地超人工作。有時候爲節省時間，會騎馬到目的地。雖然每天如此，但八田與一並不覺得苦。因爲自己提案的計畫正在實現。每當製成設計圖，夢想就一步一步成眞。八田與一的部下阿部貞壽、小田省三、湯本政夫、磯田謙雄等技術員也充分了解八田與一的心情，他們也都是二、三十歲的年輕人。

他們早上五點半出門，晚上將近十二點才入門，睡眠時間只不過四、五個小時而已。但因工作緊湊而生病回台北治療者也不少。

八田與一爲避免染上瘧疾，調查工地時常隨身攜帶特效藥奎寧。八田與一若病倒了，嘉南平原想當然也會一病不起。

八田與一主要是調查官田溪水庫。有一天早上騎馬巡視靠近海岸的平原時，因忘了給水壺加水，遂進到簡陋的農家要水。結果農民說：「現在沒水，請你等到中午汲水的人回來再來好嗎？」

「要到哪兒汲水？」

「到曾文溪，要四、五個小時。」

「沒有水井嗎？」

「有水井，但現在是乾旱，所以沒有水，兩、三個小時滲出來的水還不滿一桶，乾脆到那邊汲水比較快。」

八田與一對嘉南農民不僅缺農業用水，連飲用水也缺乏的事實感到驚訝，同時更加堅定了非給嘉南平原送水不可的信念。

調查、設計、作預算雖然艱苦，但有夢想的工作令人期待。共有八十餘名技術員和八田與一協力工作，順利地解決難題。他們花了七個月的時間，於10月4日完成工作。

嘉南平原在已完成的厚厚的計畫書和圖面中開始呼吸著。

八田與一的計畫案眞是宏大啊！

有兩處水源可列入考慮，一處是流經台中州和台南州界的濁水溪。

濁水溪是台灣最大的河川，水如其名，含土沙而渾濁。

不在濁水溪築堰堤直接取水的原因，是怕水庫的大敵：水中所含的土沙堆積在水庫底部而縮短水庫的壽命，降低蓄水量，以致最後變成廢庫。

不造水庫而直接取水，也可能發生土沙淤積。因此，擔心有堆積物而不能取水的八田與一，將取水口分散爲林內第一、林內第二，及中國子三處。將這三處取水口的導水路在中途結合爲一支之後，流到濁水溪幹線水路。而且在林內第一導水路的中途設發電廠，送電到烏山頭工地。如此一來，當一處取水口不能使用時，可靠其他兩處取水。再利用停止使用時，疏濬所堆積的沙礫。

開始供水後，事實上沙礫堆積得很嚴重，需要常常疏濬。可見濁水溪混濁的程度有多嚴重。這條被黑泥混濁的河川，曾在日本領台前或太平洋戰爭結束時澄清過三天的傳說仍流傳著。

取自濁水溪的水經由幹線分歧的支線、分線灌溉斗六、虎尾、北港等三郡一街十庄一百一十九大字，面積爲五萬二千甲。

另外一處水源是所謂嘉南大圳的心臟蓄水池，後來稱爲烏山頭水庫，它是以土堰堤築成的人造湖——官田溪蓄水池。由此蓄水池灌溉其餘的九萬八千甲土地。

在嘉南平原之南有古都台南，台南市北邊有曾文溪流經，此溪發源於玉山、阿里山之南，全長137公里，流域面積1220平方公里，是台灣第四大河。

曾文溪有很多支流，其中最靠近河口的支流官田溪延伸到稱爲烏山頭的谷間。

八田與一想在官田溪上游的烏山頭建一個大堰堤，蓄水量一億五千萬噸、滿水時面積爲13平方公里、最高水位爲32公尺的巨大人工湖。

但是要注滿這麼巨大的人工湖，只靠官田溪的蓄水面積58平方公里，每年降雨量2500公釐的雨水還是不夠。而且，光蓄水而不排到嘉南平原是沒什麼意義的。

況且，需要水的時間又是很少下雨的10月到翌年4月。每年需要四億噸的水，因此就算完成了蓄水池，想要整年不間斷供水，也是不可能的事。

八田與一爲了補足欠缺的水量，他看中了曾文溪豐富的水源。曾文溪的年平均流量大約十二億噸，引水至官田溪蓄水池綽綽有餘。但是曾文溪與官田溪間有烏山嶺橫梗其中，無法輕易引水。

八田與一爲了解決這個問題，決定在烏山嶺下挖一座隧道以便引水。

隧道長3078公尺，連暗渠、明渠共計3800公尺。

這種利用隧道引外水的方法，曾有第四代將軍德川家綱時代在箱根外輪山挖1328公尺長的隧道引蘆湖之水，開拓數千町步荒地的箱根用水的著名例子。

爲貯存由曾文溪所引來的水和官田溪的水，八田與一所設計的堰堤全長1273公尺，底寬303公尺，頂寬9公尺，高

56公尺，使用土沙礫五百四十萬立方公尺。那麼巨大的工程，八田與一發表其設計時，其他技術員都大感驚嘆。

這也難怪，當時在日本，超出33公尺高的堰堤以村山蓄水池堰堤爲首，只有數例。超出56公尺的堰堤，連在堰堤先進國美國也不過數例而已，更何況是1273公尺長的大規模堰堤。

而且興建此大堰堤時，八田與一採取的半水成式工法(Semi Hydraulic Fill)，別說日本，就連亞洲也未曾試過。用半水成式工法的土堰堤，在堰堤先進國美國只有數例而已。但如此大規模的堰堤，用此工法築造則史無前例。

因爲日本的權威土木技術員無人熟知此工法，完全沒有實際建造的例子。何況八田與一那些年輕的技師部下，只是聽過半水成式工法這名稱而已。

烏山頭堰堤完成後，將是亞洲第一、世界第三的巨大土堰堤。

一般講到堰堤，就會聯想到巨大混凝土塊，此半水成式堰堤卻是只在其中心使用極少混凝土而已。混凝土使用量只佔堰堤全體的0.05％而已，大部分以卵石、栗石、礫石、沙、黏土建造，完成後，表面連一片混凝土都看不到，看起來的的確確是僅以土和石頭造成的土堰堤。

此一工法不用人力或機械搗實土石，而用水力建造，是一種罕見的工法。

對這個工法，雖然也有不同的意見，但八田與一已做

成針對烏山頭地質，用此工法最適合的結論。

然而，並非只依半水成式工法設計土堰堤就行了。

貯存在官田溪蓄水池的一億五千萬噸的水必須經由一支導水路供水至嘉南九萬八千甲的大地。

八田與一擬將灌漑給水路分爲兩支，南幹線給水路和北幹線給水路。南幹線灌漑官田溪以南的四萬二千甲土地，北幹線則灌漑官田溪以北、北港溪以南的五萬六千甲土地。北幹線擬以暗渠連結濁水溪和北港溪的河床。濁水溪的水不足時，以官田溪蓄水池的水補充；相反地，北幹線給水路的水不足時，則用濁水溪的水補充。

由濁水溪和官田溪蓄水池送水至十五萬甲的嘉南土地，途中如網狀的給水路總長將近一萬公里，是桃園埤圳給水路的五十倍。而且還必須造嘉南大圳特徵之一的排水路，因爲除非用排水沖掉土中鹽分以換回土地生產力，否則不能防止鹽害。此排水路總長六千餘公里，而且大排水路的寬度也有一百公尺那麼大的規模。給水、排水路總長達一萬六千公里。

工程計畫並非只限於給水、排水路。爲了維持高效率地灌漑十五萬甲土地，必須造分水門、給水門、放水門、溢洪道、水路橋、鐵道橋、車道橋、步道橋、落水工、暗渠、總長96公里的防潮堤防、防潮自動排水門，以及各水門的聯絡電話線的架設三千九百所，以上皆是主要的附屬建造物，費用龐大。

八田與一估計，完成這亞洲第一的灌溉設備，需三千八百萬圓的工程費和最起碼六年的工期。結果總費用含事務費追加到四千二百萬円。

論工程的規模、費用，可曾有過這麼大的灌溉計畫嗎？此工程計畫由八田與一逐步完成了。

八田與一雖覺得疲憊，卻沈醉其中，喜悅的感覺在體內驅策。自從三年前參與嘉南平原計畫，如今終於完成設計。他所提案的計畫變成了具體的藍圖擺在面前，接下來只等總督府是否採納了，即使不成也無悔，因爲該做的已經做了，之後只能聽天由命了。

爲了將預算和設計書送到總督府，八田與一由嘉義火車站出發。大多數的部下都來送行，每個人臉上都洋溢著滿足，好像在說：「八田技師，拜託您了。」

八田與一只能說：「辛苦了，眞的讓你們辛苦了。」僅僅這麼簡單的一句話，就感動部下了。後來部下阿部貞壽說：「八田技師的雄姿正像凱旋的將軍一般。」

八田與一在總督府聽到了明石元二郎總督於24日在日本去世的消息。裁定嘉南平原灌溉事業開工的總督過世了。

還有一個令人難過的消息，亦即跟隨台灣上下水道養育之父巴兒敦來台的八田與一的好上司、人格值得學習的濱野彌四郎技師，因升任神戶都市計畫課長而離開台灣。現在的台灣正需要他呢。

八田與一衷心敬仰濱野技師。濱野離台兩年後，嘉南

巴兒敦的弟子濱野彌四郎技師，同時也是八田與一的上司

大圳剛開工，八田與一雖忙，卻提案為他樹立銅像，並且令其完成，將它設置台南山上水源地，這是濱野在台灣的最後工程。後來還繪製油畫，掛在濱野的老師巴兒敦銅像所豎立的台北水源地，並將銅像模型及複製油畫贈與在神戶的濱野技師，這令他高興地流出淚來。

濱野於嘉南大圳完成兩年後的1932年去世，享年六十四歲。但是八田與一所豎立的銅像及油畫已不復存，只有絕不忘上司之恩的溫暖的心留在大家心底。

八田與一不眠不休所完成的設計案和預算案，在總督府以最後定案立即通過並同時發表。

1. 灌溉面積七萬五千甲改為十五萬甲。
2. 水源由官田溪蓄水池及濁水溪直接取水。
3. 工程全部由相關利益團體實施，政府給予補助金且監督工程。
4. 總事業費為四千二百萬円，其中三千萬円由相關利益團體負擔，餘額由政府補助。補助金自1920年起以六年分期給付。

5. 工程訂在1920年9月開工，1926年3月竣工，工期六年。

總之，十五萬甲的嘉南平原以六年計畫建設一個大灌溉設備，由民間團體施工及管理營運，並由政府監督。

此計畫及預算案爲得到國庫的支出認可，於1920年春向第四十二屆帝國議會提出，初因議會解散而沒有成立，但以追加預算再於7月的臨時議會提出。

不知日本政府是不是因爲奪糧暴動嚐到苦頭的經驗，對米生產計畫有了深刻的了解，此計畫案終於順利通過了。

聽到通過成立的消息，八田與一的心情又是如何？從開始調查嘉南平原，到費了將近四年歲月完成的宏大構想，正踏出實現的第一步。

但是八田與一想到將來可能遭遇不少困難，由於自己是設計者，心中的感受很是複雜。

7月通過成立的計畫案，一到了8月，就由地方廳告示相關利益的代理人。

一百一十九名代理人於18日向台南、嘉南兩廳長提出「官田溪埤圳新設申請書」，25日認定爲公共埤圳。然後立刻組織「組合」，並訂定規約，由兩廳長向總督府提出「組合核可申請」。

結果，8月30日由繼任明石的第八任總督田健二郎以「核可公共埤圳官田埤圳組合組織及規約」通知兩廳長。

依規約，當時的組合職員以總督府土木局長爲管理人，台南州知事(1920年10月，因地方制度改革，台南廳改爲台南州，嘉義廳改爲嘉義郡)爲副管理人，下面有事務部長、建設部長、技師長各一名，除理事、技師、事務員、技術員、監督員若干名之外，預算範圍內的囑託(臨時雇員)、雇員、傭工等，理事以下的專任人員，全由管理人決定。

認可後第二天的9月1日，期待中的嘉南平原灌漑工程就動工了。

因此，9月1日土木局長山形要助就任管理人、台南州知事枝德二則爲副管理人。或許因爲從議會通過到動工僅有二個月的時間，過於倉促，因此事務部長就由理事渡部友吉擔任、建設部長由八田與一技師代理，至於監督、指導所有工程的技師長則沒著落。

然而，對八田與一來說，誰當部長、技師長都不是大問題。嘉南平原灌漑事業於9月1日開工是他永生難忘的大事。

台灣嘉南大圳組合事務所

烏山頭水庫排水明渠開鑿一景

【第七章】

鎚聲高響的嘉南平原

1920年9月1日，亞洲第一大規模的嘉南大圳工程動工了。

此大工程於1930年3月全部完工。悠悠地花了十年的歲月。

在廣大地域所展開的工程具體進行。十年歲月中，以八田與一爲首的多數工作人員揮汗如雨地工作。

嘉南大圳工程大致分爲四部分進行。濁水溪導水設備、曾文溪導水設備、給排水設備及相當於嘉南大圳心臟的官田溪蓄水池設備。

像這樣的大工程，工程本身是不能直接動工的。著手本工程前，要有相當的準備工程。而將要建造官田溪蓄水池的烏山頭，是未開發且原始林繁茂、衛生條件極差之地，不但沒有鐵路，連道路都沒有。

而且組合本部都還未設立。因此開始動工時，便將組合本部設在八田與一在嘉南平原做最後調查的基地：嘉義。同時開始嘉南平原工程區的地形測量；曾文溪、官田溪、濁水溪的流量調查，以及採購工程所需的機械、材料。

又著手建設發電所在地的嘉南水源地、水上水源地、架設到烏山頭的工程動力輸電線，及比較容易開工的濁水溪導水設備、濁水溪給水路工程。

大部分的工程本來計畫由組合直接施行，後來決定將一部分包給民間企業，這在工程開始後不久就實施了。

嘉南大圳工程主要有大倉土木組(現在的大成建設)、鹿島建設、住吉組、黑板工業等企業參加，其中以大倉土木組承包最多，包括濁水溪發電廠、幹線給水路工程、官田溪排水用隧道工程，以及後來犧牲了不少工人的烏山嶺隧道工程。

大倉土木組和台灣的淵源可以追溯到1874年征台之役時開始。

1871年琉球八重山的69名島民遭遇颱風漂到台灣南部，其中有3人溺死，54人被牡丹社排灣族殺死，此即所謂「牡丹社事件」。因此，西鄉從道率領征台軍出征台灣，在四重溪石門跟排灣族開戰，不但未能折損對方一兵一卒，自己反倒有12名士兵戰死，561名罹患瘧疾病死，無功而退，此戰役稱爲征台之役。當時大倉組社長大倉喜八郎和五百名軍伕親身參戰，完成輜重兵的任務，此是爲大倉組與台灣結緣之開始。不久，因甲午戰爭，台灣割讓日本，大倉喜八郎等渡海來到土匪蜂起的台灣，並在台北設立分店。爾後由基隆、台北間的鐵路開始，參與二層行溪埤圳工程、縱貫鐵路工程、桃園埤圳隧道工程、日月潭發電廠工程；同時也參與台北鐵路工廠，以及台灣銀行總行的建築工程，逐漸發展成台灣最大的土木建設公司，經常參加主要工程。

大倉土木組在所得標的工程中，先動工的是濁水溪發電廠和幹線給水路工程。但是烏山嶺隧道工程和官田溪排水隧道工程，因無法搬運建材而不得不等到道路及鐵路完成之後。

組合開始進行此一事業後，爲使被視爲最艱難工程的烏山頭堰堤和烏山嶺隧道工程提早施工，乃著手興建至烏山頭的道路和鐵路建設工程。

所幸，台灣縱貫道路已通至烏山頭西邊的村落：官田庄，所以只需延伸五公里新路就算大略完成了。此路後來稱爲「御成道路」。因爲昭和天皇還是皇太子時，於1923年4月16日訪台。20日爲了實地參觀世紀大工程：嘉南大圳堰堤工程，由縱貫道路轉此路而命名。

但是最重要的交通是鐵路運輸。通過烏山頭的鐵路是爲了運輸大型工程機械、工程材料、工作人員以及堰堤所需要的大量土沙，非設立不可。

因此當初就計畫從縱貫鐵路行經的番子田(現在的隆田)舖設支線到烏山頭，以便運送工程材料、機械、工作人員。

再加一線，亦即從烏山頭至南方二十公里的大內庄也舖設雙線鐵路。此鐵路專爲運送烏山頭堰堤所需的五百四十萬立方公尺土方而舖設。

這年，準備工程緩慢而確實地進行著。

八田與一爲嘉南平原的工程而忙碌，但照總督府的官制，當時沒有從官廳給派民間的規定，所以他辭去總督府技師，11月以組合的技師上任。

對八田與一來說，不管是總督府的技師或組合的技

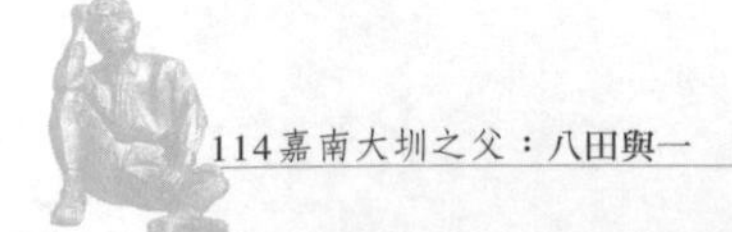

大内庄砂石採取場一景

師，只要能參與嘉南大圳的工程就好了。除了他，誰都無法完成此一工程，大家也都這麼認爲。

擔任組合的技師一個多月後的12月25日，第二個孩子於台北誕生了，他就是長子晃夫。翌年的1921年2月，期待中的組合本部於嘉義下路頭落成，八田與一領著家人搬遷。外代樹雖帶著兩個孩子搬家，但已經不像剛來台時的不安。金澤的父親擔心女兒不善於家事而陪嫁來的女傭みさお因論及親事，搬到嘉義以後就讓她回鄉了。八田開始了一家四口親密的生活。

但是在嘉義的日子仍是短暫的。

烏山頭在等著八田與一。烏山頭宿舍完成時，那裏就是工程完工前最好的住處。

八田與一搬到嘉義不久，組合於4月1日改名爲「公共埤圳嘉南大圳組合」，同時決定設立烏山頭出張所和台南出張所。

台南出張所可以隨時設在台南州廳內，但烏山頭出張所需要設在未開發的原始林中。而且烏山頭出張所的任務是建設亞洲最大的堰堤和烏山嶺隧道工程，包括了附屬的諸多事項，對嘉南大圳來說，其重要性是相當於心臟的工程。討論需要建設什麼規模的出張所及職員宿舍後，繪成了基本設計圖。設計圖包括豪華的烏山頭出張所、技師宿舍、醫院、火車頭車庫、磚廠。八田與一詳細看了設計圖後問道：

「這宿舍可以住幾個人呢？」

帶來設計圖的年輕技師回答：

「每一棟宿舍的設計可住兩名技師。」

「技師的眷屬住在那裏？怎麼看不到眷屬的住房……」

回答的年輕技師驚訝地問：

「要讓眷屬住在烏山頭工地嗎？住在有瘧疾且不衛生的烏山頭？過去不論是怎樣的大工程，根本也沒有人帶眷屬住在工地。這個設計圖一開始就沒考慮到眷屬。」

沉默了片刻，八田與一結語道：

「跟你要求大概沒有用，但你想想看，就因爲是像烏山頭這樣的工地，才要跟家人住在一起。也許你不知道桃園埤圳工程，就連桃園那樣的工程，經過不久，誰都想看看家人。在這種狀況下，當然不能專心於工程。桃園工程只不過是挖隧道、造水路而已，更何況這次的工程不像桃園那麼單純，我們需要沒有後顧之憂地投入工程，因此需要每天都能看到家人。試想：一面還擔心著家人，可以做好工作嗎？」

「我是根據基本計畫設計，如果要改，請告訴上司好不好，因爲沒有這樣的前例。」

確實沒有先例。亦即在工地建宿舍讓家人同住，男人從宿舍出來上班。家人同住時，需要較大的面積，而宿舍的建設費及土地也要增加。不僅如此，烏山頭雖有道路和鐵路，但仍然是原始林的環境，是瘧疾蔓延、衛生條件很差的地方，再者，有孩子時還需要學校。

只是單身宿舍就需要那麼龐大的工程費，因此打從開始就不考慮興建眷屬的宿舍是應該的。

但是八田與一的想法不同。如果史無前例，那就以這個工程爲先例好了。

「土堰堤工程不允許失敗或馬虎。因此撇開單身的人不講，有家人的一定要有跟家人同住才能安心做好工程。爲了吝惜一點點費用而無法做好堰堤才是浪費。不尊重技術員，怎能做好工程？」

八田與一也批評總督府將技術員的待遇低於事務官的作法。

八田與一的口頭禪是：「不尊重技術員的國家會滅

亡。」而且一生貫徹這種思想。

八田與一還說：「技術員的薪水必須提高，優秀的技術員能縮短工程，節省工程費。由此節省下來的工程費，應該抵得上技術員薪水的幾十倍。」

尤其是不介意自己對行政長官提請優待技術員一事，但這絕對不是自己的薪水低而提出的要求。

八田與一和管理人山形局長談判烏山頭宿舍之事。

山形局長最了解八田與一這位技師。

聽完八田與一的話，局長說：

「烏山頭工程只有你能做，將來要讓你擔任烏山頭所長。烏山頭的事全部由你負責，所以照你的意思改好了，我會告訴組合。重要的是趕快完成堰堤，太拘泥於小事，就不能做好工程。」

宿舍的事輕易解決了。

當時八田與一的腦海已經清晰地勾畫出烏山頭的藍圖。

山形局長換了話題說道：

「關於堰堤的事，單靠書籍上的研究就有把握嗎？總督府和組合一些人不放心。我告訴他們，包在你身上，沒問題。」

八田與一想，他們的擔心是應該的，所以他坦白地說：

「有百分之九十九的把握，也有百分之一的不安和疑

問，我想，如果能到美國看看實物的話，就可以消除不安。是否請您讓我去視察，到時也可以順便參觀大型的土木機械實物，如果沒問題就一併訂購。」

「我了解，我也正想讓你這麼做。我會與美國土木學會聯絡，等事情告一段落就去吧，這樣你和大家都可以放心了。」

告別山形局長溫暖的眼神之後，八田與一前往拜訪下村宏總務長官。沒有下村長官，也許嘉南大圳就無法動工，一切也就免談了。對八田與一來說，他是最能信賴的同志。

長官歡迎八田與一來訪，並問及官田溪蓄水池。

八田與一剛好帶著設計圖，便攤開在長官面前加以說明。

一邊看設計圖，一邊聽說明的長官說：

「堰堤約五年後才能完工吧！那時候我已不在台灣，一定要成功喔！」

「很希望讓長官看到完成後的堰堤，因為那是一個形狀稀奇的湖。」八田與一說。

長官看著設計圖說道：

「八田君，這湖的名字決定了嗎？如果還沒的話，我想給它取名，從你的話裏，我想到了一個好名字。你看！這形狀很像珊瑚樹。」

八田與一換個角度看設計圖，那兒正繪著紮根在堰堤的珊瑚樹。

「珊瑚潭，怎麼樣？北有日月潭，南有珊瑚潭。不錯吧！」

官田溪蓄水池從此以後被稱爲珊瑚潭。現在也以華語發音，稱它サンフータン(編注：羅馬拼音爲SANFUTAN)，跟水庫的漢字一樣。

將它取名爲「珊瑚潭」的下村長官和八田與一分別三個月後，爲服務於新聞界，於7月向總督府提辭呈，離開了台灣，沒機會看到完成後的珊瑚潭。

由番子田到烏山頭舖設鐵路、開始建立出張所，充滿朝氣的鎚聲在烏山頭響起了。

兩輛無頂貨車及兩輛有頂貨車，由日製的十噸火車頭拖行七公里後，到了烏山頭的火車站。

火車站東邊有8公尺寬的道路，向北走600公尺，在盡頭兩邊有6公尺寬的砂礫道路，像樹枝般伸展著。

面向火車站附近的道路，將近二千坪的烏山頭出張所逐漸成形了。

出張所除事務所外，還有土壤實驗室及攝影室，後面有廣闊的庭園。此庭園的正北方，隔著石子路，是以八田與一爲首的技術員幹部甲號宿舍十戶，後面有正在蓋建的乙號宿舍二十八戶和學校。

爲將在烏山頭工作的日本人子弟所蓋的學校，命名爲六甲尋常高等小學校。

道路左邊有技術員用的丙號宿舍六十戶和丁號宿舍一百戶，組合設立的醫院也正在興建。

火車站正北面有兩棟大倉庫，西鄰大倉土木組的倉庫及員工宿舍已完工。

離宿舍稍遠之處，有火車頭車庫及修理工廠、燒隧道用磚的工廠、動力用變電所、索道起動所。

還有公共浴室、福利社、娛樂設施正在建造。

烏山頭正一步一步地將八田與一所繪的藍圖呈現出來。

與其說是蓋工程用的職員宿舍和事務所，不如說是蓋有目標和機能的街。

在那裏已經看不見曾經讓人無法接近的原始林。

而且還有一處也響起了鎚聲。鎚聲是從烏山頭出張所東南一公里的小山麓傳來的。

那是爲建造土堰堤，基地內整地、堰堤挖掘，和中心混凝土核基礎工程響著的鎚聲。

當要開始堰堤的基礎工程時，八田與一舉行奠基儀式，祈禱神的保佑。

祭典後，八田與一繼續設置舞台，叫職員扮成七福神。八田與一本身也扮成天照大神，祈禱工程順利完成。

技術人員本以爲八田與一是嚴肅的人，因此對他的幽默點子給予大大的喝采。

爾後，爲著單調生活的職員和家人考慮，每年舉行數次活動，使他們不感寂寞。八田與一並不是那種只求能夠完成工程而不顧他人犧牲的人。這樣高超的人格，得到多數部下的信賴，並藉著這分信賴，將他們繫在一起，成爲一股克服困難的力量。

八田與一極爲忙碌。因爲他必須指導、監督在嘉南平原進行的一切土木工程。

雖然工程順利地進行，但八田與一也很疲累。每天只睡四、五個鐘頭，全靠精神支撐。

「大工程必須三十至四十歲以前做。否則年老了，非但體力免談，精神更是不夠。」

這是八田與一的論點，如今他正在驗證這個看法。

一旦工程進展及職員增加，原來的職制便不敷應用。管理人和副管理人用兼任的方式，無法掌握全部的工作規模。因此組合修改規約，並於1920年10月8日得到總督的核准。

結果枝德二辭任台南州知事，轉任有薪給的專任管理人。新任知事是顧問，副管理人一職則廢止。而空缺了一年半的技師長，則由前總督府土木局土木課長筒井丑五郎擔任。

筒井技師長於1914年以首任築港所所長負責高雄大築港，亦是山形局長的部下。

八田與一由這次的改制，擔任監督課長及工程課長。因筒井技師長的就任，讓他有更多的精力用在烏山頭工程。

就組合而言，必須考慮讓八田與一專注於烏山頭工程。濁水溪導水路工程及給排水路工程可由其他技師擔任，但烏山頭堰堤工程非由設計者八田與一擔任不可。

時序進入12月，盼望中的烏山頭出張所和宿舍完工了。

組合制訂烏山頭出張所規章，由八田與一兼任出張所所長。其下設兩股、三工區、一工廠。對在不衛生、不健康的烏山頭出張所所在地上班的員工，也在八田與一強烈的要求下，設有勤務津貼規定，且待遇優厚。

決定兼任出張所長的八田與一，帶著家人搬進烏山頭出張所後面的甲號宿舍。

從此以後的八年間，八田與一生活在遠離人群的烏山頭，奉獻他全部的熱情給堰堤工程。

動工後三年，1922年1月，總督府委託堰堤權威人士佐

當時的烏山頭出張所

野藤次郎博士調查堰堤工程的工地。

當時在日本內地，對八田與一將建造的堰堤工程能否成功仍相當質疑。這也難怪，對半水成式堰堤有經驗的技師一個也沒有，而年輕的技師卻將要用此工法建造巨大的堰堤。總督府認爲，如果讓日本內地的權威人士調查工地，並肯定這個工程，批判的聲音也許會緩和些。

調查的結果，不僅獲得絕對的肯定，甚至有「絕不是冒險，而且具備使用新工法的條件」這般的好評。

八田與一獨戰批判者的圍攻。

「並非不可能，在美國不是也完成了規模小一點的堰堤嗎？美國人能做，爲什麼日本人不能？人們對第一次嘗試的事往往反對。如果沒有成功，人家是不會相信的，所以一定要完成它。因此必須到美國親眼目睹一番。看了才能更加確定，這樣也可消除所有的不安。」

八田與一遂決定訪美。

赴美視察水壩並採購大型機械後，八田與一(右)和藏成信一技師小憩於洛杉磯。

【第八章】

赴美

老早就想到美國考察的八田與一，在1922年2月10日次女綾子出生後不久，帶著藏成信一、白木原民次兩位技師赴美。

目的有三：第一、調查是否能採用防護板(shield)工法於官田溪排水隧道工程。

這排水隧道是在堰堤施工中，將最大流量每秒五百噸的官田溪水暢行無阻地排出，堰堤完成後，則當成送水隧道，爲了安全的考量，設計每秒排水量爲七百五十噸。

因此內徑有9公尺，含側牆，需挖掘外徑10.8公尺馬蹄形的洞。

雖然只有270公尺長，但已超過了當時亞洲第一的內徑8.4公尺的丹那隧道，待完工後，其規模肯定是亞洲第一。

此工程由大倉組土木部得標，鹿島建設的技術員對得第一標的大倉組藤江醇三郎說：

「你包到困難的工程了，怎麼辦？」

「能怎麼辦？既然已經決定承包，也就沒辦法了，只有做了，到時若做不下去，放棄就好了。」

而且八田與一打算將此隧道以防護板工法施工。

防護板工法是在地基鬆軟的河川、海岸挖掘隧道時所採用的工法。此法是在地盤內將比隧道外徑稍微大的防護板鎧架插進地基後，一方面防止地基崩落，一方面挖進，在挖好的後部造一節隧道，再逐漸插進。

烏山頭排水用隧道的地基較軟，適用防護板工法，但

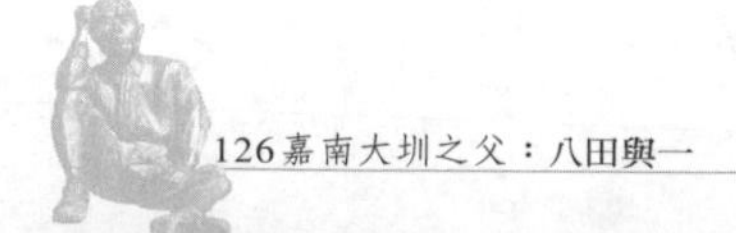

是內徑有9公尺，這麼大的隧道是否能用此工法完成？八田與一並沒有把握。

在八田與一赴美時，排水隧道的明渠、暗渠已由大倉土木組動工興建，因此需盡快決定。

八田與一赴美後，經由美國土木學會介紹，前往拜訪專門建造隧道的公司。

隧道工程的權威技師一面看著八田與一展開的設計圖，一面聽完說明，驚訝地說：

「這是個了不起的隧道。這麼大的隧道，是在日本建造的嗎？這在美國也是很少有的規模。日本技師有技術建造嗎？」

他用尊敬的目光看著年輕的八田與一。

「這個隧道我想用防護板工法施工，你的意見如何？」八田與一簡短地問道。

想了一會，技師斷然地說：

「八田技師，很遺憾，我想這是行不通的。如果日本沒有用防護板工法做過這麼大隧道的經驗，那根本就做不成。一定要做的話，乾脆挖內徑4.5公尺左右的隧道如何？如果是排水用隧道，不必只挖一道，挖二三道5公尺的也就行了吧！」

計畫用一個隧道的八田與一失望了，但卻不死心。

他立刻寫信回日本，派土木股長阿部技師前往正在用防護板工法施工的秋田縣龜田及丹那隧道考察。但是龜田的防護板是內徑4.5公尺的單線鐵路，並非有參考價值的規模。決定用一個隧道的八田與一最後不得不取消採用防護板工法。

用防護板工法的大規模工程一直要到1936年動工、1944年完工的關門海底隧道才出現。

第二個目的是採購工程用的大型土木機械。

爲此，他特別帶著機械股長藏成技師同行。

嘉南大圳的每項工程，用的盡是嶄新且大規模的方法，或爲亞洲第一，或爲亞洲初試啼聲，就連使用大量的土木機械，也是劃時代的工程。

不少人反對引進大型土木機械。當時是一個不喜歡機械的時代，組合和營造業者也認爲：

「使用機械花費較多，盡量避免。何況也沒有人會操作。充分使用人力也做得來……」如此敬而遠之。

「這麼大的工程，如果照原來只依賴人力，就算花二十年也完成不了。拖延工期等於讓十五萬甲土地沉睡在不毛之地的狀態。如果購買稍微昂貴的機械，可縮短工期，那麼十五萬甲土地可以有相當高的收入，結果更划算。」

八田與一所要說的是，不要只考慮眼前的利益，而要從十五萬甲土地上的整個事業著想。而且：

「工程完成後，機械還可以用，尤其是趁此機會，可以培養使用大型機械的人才。目前日本沒有一家公司有能力製造大型土木機械，因爲沒有技術，但沒有技術是因爲沒有需求。引進大型機械既可縮短工期，又可省錢，由此可知機械的價值。這是一種改革，如果行不通的話，至少也要用在堰堤工程。」

八田如此主張引進大型機械的必要性。

在烏山頭所建造的土堰堤，是以在日本未曾用過的方法施工，當然沒有工程用的大型土木機械。既然負責人八田與一要求引進機械，那也不能反對。

而且八田與一也考慮到嘉南大圳完工後的工程，他的看法卓越且合理。

引進大型土木機械一事，最後決定由八田與一負責採購，費用是四百萬円。烏山嶺隧道和堰堤的工程費是一千六百萬円，機械採購費正好佔四分之一，由此可知引進的機械數量有多大了。

另外也在東京訂購適用的日本自製的小型機械，而大型機械將從美國採購。

八田與一針對堰堤特別購買的機械有四種。

蒸汽鏟，就是現在的挖土機，當時不用油壓而用蒸汽驅動。八田與一想在大內庄挖掘堰堤所需土方時用此機械。當時在日本僅有三部蒸汽鏟，極爲稀罕。一部在內務省，一部在舊滿州的撫順煤礦，最後一部在大倉土木組。大倉土木組第一次使用，是在廣島縣建設山陽製鐵工廠時。

八田與一買五部大型蒸汽鏟，再買兩部小型蒸汽鏟，及一百輛氣壓式翻斗車。後者是將從大內庄運來的土方，利用蒸汽傾倒而下的機械。大型抽水機是以強力的水注噴射在砂堆上的機械，大的口徑十二英寸、四百五十匹馬力，此種機械購買五部，同時也訂購一部推平土方的推土機。

另外購買十二輛德國製的五十六噸火車頭、兩台拉鏟挖土機、一台二十匹馬力起重機、四台混凝土攪拌機。爲烏山嶺隧道工程訂購大型開山機、坑內挖土機、大型空氣式壓縮機。

用這麼大量的大型機械施工的工程，在日本是首例。

八田與一拜訪了不少公司，一家一家詳細了解之後，購買零件並寄回日本，算是完成了第二個目的。

作業中的50噸起重機

最後一個也是赴美的最大目的：爲解決半水成式工法的疑點，視察堰堤工地，並由此得到信心。

八田與一經由不少文獻仔細研究此一工法，但不願照文獻上記載的方法在烏山頭堰堤施工。

八田與一平常就是如此。把過去的文獻和事例徹底調查一番後，採取根據由此所得到的知識，組合出適合工地的合理方法。

八田與一往往由此得出自己獨創的方法。

這裏稍微說明八田與一擬在烏山頭實施的半水成式工法。

八田與一根據地質調查的結果，將從建造堰堤的地皮下第四紀層挖平到下面的第三紀新層。在地裏4.5公尺至22公尺之間，埋入底部中央平均高度3.6公尺、底寬1.5公尺、頂寬1公尺含銅板的混凝土核，以此建造整個堰堤。

而且在混凝土核心外側底部，爲排掉滲透的水，防止堰堤濕潤，造總長690公尺的排水暗渠幹線，和由此幹線分出的總長425公尺的排水暗渠支線。

並且爲測定堰堤內部的黏土壓力以及採樣，在混凝土核上適當的地方設計六處高50公尺、內徑1.5公尺、上厚30公分、下厚60公分的八角形混凝土造人孔。此堰堤56公尺、長1.3公里，粗略估算就需要六百萬立方公尺的龐大土石。

而且所用的土石並不是單純由土和石頭混合就可以，大者有直徑20～30公分的卵石，小者有砂礫、小砂、黏土，需要好幾類的土石。

幸運的是，合乎此條件的土石在烏山頭南邊二十公里的大內庄找到了，這也是讓八田與一採用半水成式工法的原因。

八田與一決定將大內庄的土石以火車運到烏山頭，然後堆放在離中心混凝土核兩邊各150公尺的地方，並且以數台口徑12英吋、450匹馬力的大型抽水機，同時從堰堤內側以強大水柱噴灑。

如此做時，大石頭仍舊留在外邊，最輕的黏土、小砂、砂礫、小卵石依序被水沖走，含有大量黏土的濁水流進中心混凝土核，接著濁水中所含的黏土便沉澱、凝固，變成中心如鋼般不透水的黏土層。

也就是說，用此工法所築的堰堤，外側有直徑20～30公分的大石，裏面有次大的卵石，再裏面有砂礫、小砂，而中心則有微細的黏土。

所以用此工法時，在中心形成硬層的微細黏土可說是堰堤的生命。

若是粗粒子的話，蓄水池的水會滲透流出，不但不能發揮堰堤的機能，也有崩蹋之虞。

八田與一對大內庄黏土的土質實驗非常細心，因爲黏土的品質可能左右堰堤的壽命。

八田與一採用半水成式工法代替打造龐大的混凝土。他堆積仔細斟酌過的土石，再以強力抽水機射水到56公尺

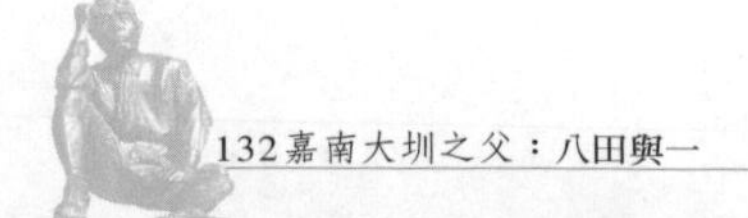

高、總長1237公尺的堰堤，這樣的工作十年如一日。

堰堤可依材料和設計理論，分爲混凝土堰堤和用土石建造的塡實堰堤。

塡實堰堤，有以土爲主材料的土堰堤和以石頭爲主材料的岩堰堤。

現在日本主要的塡實堰堤，有御母衣堰堤、九龍頭堰堤、魚梁瀨堰堤等等。在台灣有曾文水庫、白河水庫等，這些都是以土石搗實的乾式堰堤。而八田與一所設計的烏山頭堰堤，是特殊的射水建築濕式塡實堰堤工法，這種堰堤在亞洲是唯一的例子。因此烏山堰堤完成之後，美國土木學會雜誌曾以「八田堰堤」之名介紹，使得八田與一名留土木界。

與父親同行，現在還置身土木界的八田與一的長男晃夫說：

「父親所實施的半水成式工法並不是他創造的，也許是從文獻等研究而來的。」

事實上，在美國已有用此工法建造的堰堤。

但是對於從曾文溪引水，及八田與一能夠從研究過去的資料而採用適合其土地的工法，這樣優秀的構想和挑戰精神，不由得讓人肅然起敬。

而且八田與一在嘉南大圳工程中成功地採用了嶄新的「三年輪作給水法」。

當八田與一以此工法施工時，仍有兩個不安的因素。

第一、從大內庄採集的黏土粒子是否適當？另外，自己所設計的中心混凝土核的高度是否足夠？

如果黏土粒子過粗，需將中心混凝土核提高，若適當，就可以照原來的設計。黏土粒子的大小是影響設計圖是否重畫的重要因素。有關這點，除非實地觀察正在施工的半水成式來加以確認外，否則無法放心。

八田與一可以說是爲這一點而赴美的。

聽完設計圖的說明後，美國土木學會技術員發言道：

「這是了不起的堰堤！你這麼年輕的技師用半水成式工法建造這麼大的堰堤，眞不敢相信。我想日本還沒有用此工法所造的堰堤，你有沒有經驗呢？」

八田與一毅然答道：

「不，未做過，只不過根據文獻研究過而已，但是不依照已發表的論文施工。我自己研究後更動的部分不少。」

另一位技師更率直地說：

「一開始就以此工法做這麼大的堰堤是否不妥當？有了小堰堤的經驗再做也許比較放心。」

八田與一也這麼想，但已經沒有時間了。

而且八田與一自信已十分仔細地做過研究，只要了解中心混凝土核的高度和粒子之間的關係即可。

八田與一說完，他回答：

「不知道你將要使用含有多少小粒子的黏土？不過，照此設計圖來看，中心混凝土核的高度好像不夠。在美國所

造的堰堤的確比這個還要高。」

「的確設計得比較低。我想，依照土壤分析結果，這麼高就夠了。因爲還不知道美國的黏土情況，很想參觀一下。」

八田與一說想看看實際上所使用的黏土標本。他鼓勵道：

「是啊，沒親自看過黏土，不能解決這個問題。我寫封介紹信給你，參觀到完全了解爲止吧！祝你設計堰堤早日完成。」

技術者之間是沒有國界的。但八田與一心中想著：

我不是要造跟美國一樣的堰堤，而是要造一個照我自己設計的、合乎烏山頭的堰堤。

八田與一滿腔熱忱，想著一定要完成烏山頭堰堤。

拿著介紹信到堰堤拜訪的八田與一，親眼看了黏土，摸著它時，心中的鬥志更加充實。因爲八田與一依土壤實驗所得的黏土遠比這個優良。有關工法上，八田與一擔心的差不多都消除了。爾後要建築的堰堤，只要按照設計圖施工、不偷工就行了。

八田與一認爲到美國是有收穫的。

離開日本已經超過半年。其間，八田與一一行人也到加拿大、墨西哥參觀主要的堰堤。他們想仔細考察，以便帶回更大的信心。

完成了三個目標的工作，三個人至洛杉磯Austrich農場遊玩，旅行的勞累一掃而空。其他，已經無所遺憾。

近10月的秋天，他們三個人離開了美國。

竣工後的烏山頭水庫放水口一景

【第九章】

兩個考驗

八田與一一行三人赴美期間，組合修改了章程規定，派八田與一專任烏山頭出張所所長，解除其他全部兼職，讓他專心堰堤工程。

1922年6月8日舉行烏山嶺隧道工程開工典禮。大倉土木組照八田與一的設計圖開工。

這個隧道是內徑5公尺的馬蹄形，周圍砌上一圈紅磚。當此計畫完成，最大流量每秒50噸、流速每秒2.1公尺。

從曾文溪取得每秒50噸的水，被設在曾文溪取水口高5.6公尺、長229.4公尺的上段、中段、下段合計十六道混凝土造上揚式水門吸進去，然後經32公尺的明渠，再經由97公尺的暗渠流入3078公尺的隧道，流經隧道的水不久就通過設在烏山嶺西邊234公尺的暗渠，接著流出地面，繼續通過360公尺的明渠，最後流進官田溪蓄水池，即珊瑚潭裏。

此工程是去年先從設在烏山嶺西側的出口明渠及暗渠開工，而東側取水口的明渠、暗渠則在八田與一赴美時接著開工。

此隧道工程的工地比烏山頭還要深入原始林，是充滿只有野獸才能通過險路的不便之地，無法舖設鐵路。

因此只能從烏山頭到西側出口的這24公里間架設索道，運搬一日50噸工程用的紅磚、水泥、沙礫。

烏山頭正在等候八田與一的歸來。

官田溪排水隧道剛完成明渠、暗渠的工程，只剩下放棄防護板工法的隧道主工程。堰堤基礎工程已完成挖掘堰

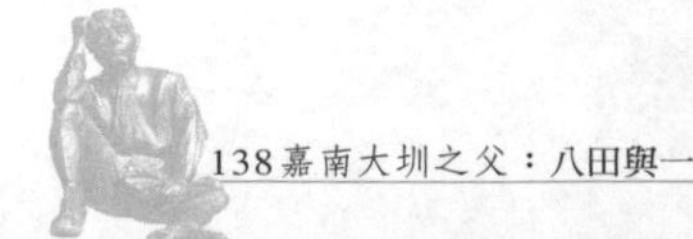

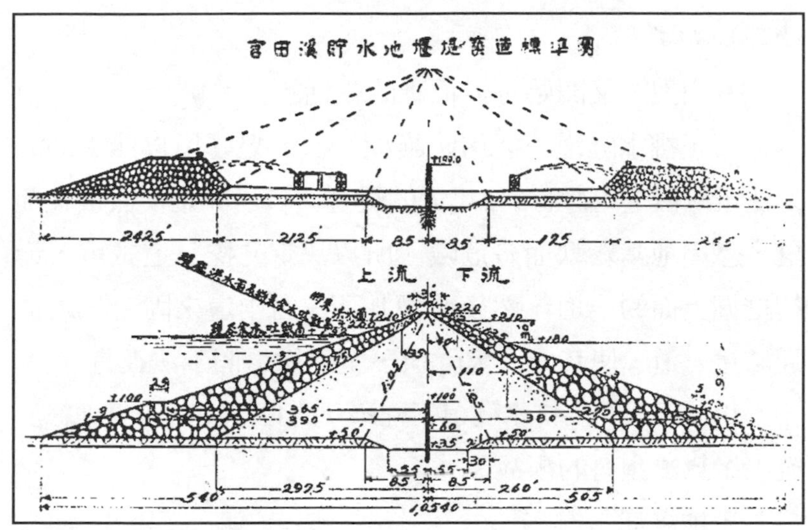

官田溪貯水池堰堤築造標準圖

堤中心，剛開始灌打中心混凝土核。烏山嶺隧道工程也順利地進行，已到達距入口80公尺的地方。全部照計畫進行著。

11月初到了橫濱的八田與一結束了在東京的報告，10日回金澤舉辦一場關於嘉南大圳的演講。

八田與一在這場演講中，大部分內容都是關於大圳完成後日本的經濟將如何地受惠，而不提工程本身的規模和所經歷的艱苦，表示其堅強的信心。

但是八田當時還不知有巨大的考驗即將來臨。他滿懷自信地回到台灣。

烏山頭工程的鎚聲比赴美出發前更響了。

好久不見的家人在鎚聲中以笑容迎接他。三個兒女好像都長大了。

八田與一又開始每天忙碌的生活。

反正排水隧道不能用防護板工法，只好用以前用過的方法了。但是內徑有9公尺大的隧道，若一開始便直接往前挖，恐因地基鬆軟而有危險。所以決定先挖三道試坑，最初挖掘上面的一道，然後挖掘其下左右兩道來固定，最後連結這三道，使其成一大隧道，全程採這個工法進行。

用此工法開始排水隧道工程不久的12月16日，工地終於發生了無法預料的事故。

工地爆炸。

八田與一趕到工地時，雖然火已撲滅了，但從隧道內已運出五十具屍體，以及數名受重傷的人在呻吟。

大倉土木組的負責人歉疚地向八田與一做了說明。

挖到90公尺時，噴出石油瓦斯，火花引起爆炸。

「過去曾經冒出石油嗎？」八田與一表情嚴肅地質問。

「曾經有石油冒出來，可是不至於出事，還能夠往前挖。有些工人將石油帶回去，那跟精煉的石油沒兩樣，還開玩笑地說是否有油田？」

八田與一聽完，大聲說：

「為什麼當時不馬上報告，讓我知道的話，可以防止事故的……現在已經來不及了。」

如此罵著，但太遲了。

八田與一向來最擔心的，就是嘉南大圳工程中因發生

意外而波及無辜的犧牲者。

無論是多麼完善的工程，也不願用人命換取。更何況不只一、兩個人，而是有五十多人犧牲了。

八田與一認爲，雖然事情難料，但不希望有人因此犧牲。工程立刻中止，決定變更設計。

對八田與一來說，這是頭一次的考驗，但在這個工地卻發生令他出乎意料的事。

但是烏山嶺底下有超乎八田與一想像的狀況。

變更設計後，雖然工程再度開工，但這次湧出大量泥沙，致使工程不能繼續進行。

工程再度中止，又變更設計。工程遲遲沒有進展。這時排水用隧道也遇到大困難。

小試坑裏面雖用抽風機換氣，但還是充滿灼熱的暑氣，工人只得流汗工作。而且土方壓力非常高，連直徑1尺的松丸太木都被壓彎，隨時都有可能發生事故，連熟練的工人也怕。

就在那時，烏山頭隧道發生了事故。心裏的恐懼程度增加了二、三倍。

有人提議：是否應該移到更安全的地基，且不是一道，而是分二、三道疏引。

也有總督府官員提出「在像曾文溪上游那麼荒蕪的地方造堰堤是否適當」的意見。

八田與一習慣這樣的聲音。連隧道都出現這種聲音的話，是不可能造堰堤的。相較於堰堤，隧道沒什麼好怕的。可怕的是身為負責人的自己失去信心，以及部下不想做。要做的話，不可能做不成的。八田與一抱持這般信念，鼓勵他們。

結果排水隧道並沒有變更場所，而是在最鬆軟的地基上順利完工了。

烏山嶺隧道經過數次變更設計才度過危險地帶的難關，但是工程的進度已大幅延遲。

度過危險難關，再開始順利進行，是隔年的1923年春天。

為了趕上落後的工程，正以最快速度趕工。

但是當時組合的資金籌措有轉壞的傾向。

原來要從地主每一甲徵收十円，因經濟不景氣，才發覺徵收過重了。

而且事務費也超出當初的預料，已累積了四十九萬円的赤字。

那年9月1日，嘉南大圳開工滿三年，面臨了具關鍵性的天災。亦即關東大地震。

以東京為中心，在關東一帶發生大地震，造成了毀滅性的損害。日本政治、經濟、社會面臨大亂，旋即影響到台灣。

因復甦需要龐大的資金，台灣總督府也捐贈救濟金，總督府的資金因此不足。不久，嘉南大圳的補助金被大幅

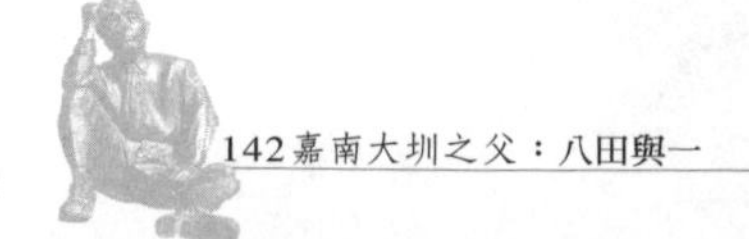

度刪減了。

組合因資金不足，爲了克服難關，先行縮小工程，裁撤了半數職員，這的確是大裁員。

烏山頭出張所也不例外，約一半人被解雇了。烏山頭出張所對技手以下的職員有任用和解雇權。八田與一依照組合的決定，不得不解雇半數員工。

八田與一苦惱著應該解雇誰比較好。但是既然沒有資金，也不能讓他們繼續工作。八田與一思考後決定了退職者，然後由各股長傳達。股長們看到退職名單後，不約而同地發出驚訝的聲音，於是詢問八田與一：

「退職名單中有相當能幹的人，以工地的立場來講，寧可裁掉這以外的人會比較好。」

靜靜聆聽的八田與一說：

「我也考慮了許多，確實想要留住有能力的人。但有能力的人可能很快就在別處上班，而沒能力的人再就業相當困難。現在如果解雇他們，連家人都得流落街頭。既然要這些人辭職，我一定會替他們找工作。你們心裏痛苦，我也是。」

八田與一痛苦地說著。

每一位股長都在心裡哭泣。因爲八田與一絕不苛待部下的愛心使他們哭了。

大家都不再說話了。

「叫名單上的人來，我要親自交給他們賞金以慰勞他們。」

退職人員被叫到所長室，等著領取賞金。股長等幹部立於一旁。八田與一站在桌子前面，開始將微薄的賞金一個一個交給他們，並慰勞他們過去的辛苦。

「暫時忍耐吧。不久工程再開工時，一定叫你們回來，請你們忍耐吧！」

八田與一的聲音變得哽咽，初是滿眼含淚，再淚流雙頰，最後哭得無法站立。八田與一的眼淚感染了其他人，要離開的人和留下的人都流淚了。

當時的大內庄土石採集場負責人山根長次郎說：

「第一次看到八田技師流淚，我永遠也忘不了這一幕。」

八田與一爲退職人員找工作而奔走。而且找到能比烏山頭出張所出更高薪水的，便幫他們介紹，八田與一絕對不賤賣技術員，所以要求公司答應支付高薪。

此事使八田與一的評價提高了。

「只要相信八田所長並跟隨他，像我們這樣的人，也不會被拋棄的。」

每一個部下都敬慕他。

過了惡夢般的一年，1924年來了。

雖然不得不大幅縮小工程，但還是繼續進行。

除了資金不足的煩惱，工程落後也是原因，組合爲了進一步檢討嘉南大圳的整體事業，再三開會，同時請示總

督。

結果作出第一次更改計畫案，經過組合決議後，向總督提出核准的申請。

第一次更改計畫要點如下：

一、工期延長四年，以十年時間繼續此一事業，於1929年前完工。

二、總工程費增加爲48,163,500円。

三、有關資金的籌措，於1926年後繼續領取補助金，同時以低利貸款來維持。而且貸款從工程完工後的翌年開始，分二十五年攤還。

四、每甲十円的徵收費，因組合人員深爲所苦，因而降爲五円。此計畫案於5月1日經總督核可，立刻由組合發佈。

關東大地震至今已九個月了，對八田與一和多數員工而言，這是一段漫長的時間。

烏山頭終於又復活了。大部分退職員工也回到烏山頭，八田與一信守約定讓他們再回來上班。

八田與一的神情也恢復了開朗。不但工程如此，八田與一家也有喜事。5月12日三女浩子誕生了，烏山頭再度熱鬧起來，八田家也熱鬧起來。八田與一喜愛孩子，他認爲孩子越多越好，身心俱疲時，一看到孩子就感到寬慰。雖然如此，對於子女的教育、教養，他一概不表意見。因爲外代樹包辦了一切，八田與一只專心於工程就好。

對八田與一而言，還有更好的喜事。

一直令人苦惱的排水隧道終於在這年完成了。亞洲第一大口徑的隧道張著大口呑下官田溪的水。突破難關的喜悅，使八田與一重新燃起新的鬥志。

另外，對嘉南大圳而言，値得紀念的一個事業也從這年開始了。

它就是濁水溪灌漑事業開始了。但這並不是由濁水溪灌漑五萬二千甲全區，只是由新虎尾溪支線給水路開始灌漑五千甲土地而已。

從嘉南大圳全域來看，這是小區域，但是開始灌漑的事實對八田與一有很大的意義。

從開始調查嘉南平原到提案灌漑設備計畫，至今已經過了八年歲月。

現在已有五千甲開始被灌漑了，開始輸送豐沛的水到嘉南平原的一個角落。

八田與一的計畫終於結果了。

濁水溪導水設備工程與嘉南大圳同時開工。它共有三個取水口，一個設在濁水溪支流清水溪，稱爲林內第一取水口。這條溪做爲濁水溪的支流是很稀奇的，因爲它流的不是濁水而是實質的清水。由此取水口延伸出去的導水路途中，設有三台交流發電機，可發電一千五百千瓦、電壓三千五百伏特的電力，送到烏山頭及其他工地做爲工程用動力及照明用電。

濁水溪幹線水路工程竣工後，通過支線給水路及小給水路灌溉稻田。

此取水口為上下二段十二道鋼筋混凝土上揚式水門，具每秒五十五噸的取水能力。其他林內第二、中國子取水口是由濁水溪主流直接取水，同時是上中下三段十二道的上揚式水門，最大的取水量每秒五十五噸。

從這三個取水口一共延伸出十一公里的導水路，當中包含一支濁幹線水路。

此幹線水路寬8.4公尺、水深2.1公尺，最大流量每秒41噸，向西南流了34公里，在北港溪河床與北幹線交會。

這些取水口、導水路、幹線給水路於1924年完工，但是給水支線及分線，除新虎尾溪支線給水路外，其餘還未完成。

因此組合決定暫時灌溉已完成的佔地五千甲的區域。以後因支線和分線陸續完成，便逐漸增加灌溉面積。於1929

施工中的北港溪暗渠工程

年達到灌溉五萬二千甲全區域。

比烏山頭堰堤早一步通水，濁水溪灌溉使嘉南大圳完工後的農業指導有巨大的效果。當時農作物中最大的收入是米，尤其因後來命名爲蓬萊米的日本種米可輸出到日本內地，售價比在來米高出很多。

稱爲「嘉義晚二號」的內地種米也在濁水溪灌溉區域種植，結果大大成功，使農民每年可享受豐裕的生活。農民生活獲得豐裕的這個改變，讓住在還未完成水利設施的農民感到一大刺激。

由於可利用水利設施的農民變成爲人人羨慕的對象，終於開始渴望烏山頭堰堤早日完成。

烏山頭堰堤於1921年開工，呈山形的白線部分爲預定完成的堰堤。

【第十章】

與賈斯丁的論戰

八田與一並沒有沉醉在通過考驗的喜悅中。因爲最大的考驗是烏山頭堰堤，而這個工程正等著他。

烏山頭堰堤正在繼續進行基礎工作的中心混凝土核。此基礎工程完成後，才能開始進行用大型土木機械施工的主工程。

在美國訂購的土木機械中，比較小的機械：如大型開山機、混凝土攪拌機、起重機等已經進口，在烏山頭使用。其他大型土木機械也於今年運到基隆港卸貨了。

這是任何人都沒見過的大型機械。

軌道式的大型蒸汽鏟五部、小型的兩部、無軌道式的兩部，德國製五十六噸火車頭十二輛，氣壓式翻斗車一百輛，鋪設機一輛，簡直像大型機械展覽會。

兩部履帶式的蒸汽鏟立刻運到濁水溪幹線給水路工地。有問題的是軌道式大型機械，因爲日本使用窄軌，進口的寬軌機械不能用。

八田與一本來想在烏山頭舖設寬軌，但總督府鐵道部反對，認爲除非加以改造，否則不能運到烏山頭。

八田與一考慮到將來，遂答應鐵道部的要求，決定將這些機械改爲窄軌車輪。

改造好的土木機械走縱貫鐵路到番子田後，經由專用支線運到烏山頭。

第一次看到大型機械的土木技師們，對巨大和奇怪形狀感到驚訝。連監工山根長次郎都是初次看到，也是頭一次使用。

大家都不敢使用。勉強將它們從烏山頭運到大內庄土砂採集場，立即試用，但是不能順利操作蒸氣鏟將土砂搬上氣壓式翻斗車。工人要求教導，可是沒有人可以教他們。

駕駛和監工商量後開始操作，但一整天，連一部翻斗車都不能裝滿。

工作效率非常低。花了龐大資金進口的機械只能在曾文溪邊發出空洞的聲音。

監工和工人也表示放棄：「怎麼試都不行，寧可用人工挖還比較划算。」

八田與一來到大內庄時，山根監工請求道：

「所長，行不通的，怎樣也不會使用，讓我們用手挖好嗎？」

八田與一說：

「外國已經在使用了，爲甚麼不會呢？多花點錢也無所謂，試試看！外國人會，怎麼日本人不會呢？只是一部機械而已，沒什麼大不了。土堰堤主工程還要等一段時間，到時候會使用就好了。不用機械造堰堤的話，工期要兩倍，不，也許兩倍以上。」

接著又說：

「不會用，不但浪費金錢，以後土木工程仍得繼續靠人工，毫無進步可言。這已不單是烏山頭的問題。不要擔心，一定會使用的，要有信心，再試試看。」

八田與一給予激勵。

之後，機械和人的搏鬥開始了。八田與一擔心著。如果不能充分使用機械，堰堤將不能如期完工，已不許再延期了。

不會使用機械的事傳到了總督府。但是八田與一對工人有信心，他們一定會成功的。現在只能靠這個信念了。

八田與一為了報告工程進行狀況，來到了久違的總督府。

在總督府聽到出乎意料的消息。據說已經邀請美國半水成式土堰堤權威賈斯丁(J. D. Justin)到烏山頭堰堤實地調查。八田與一憤怒極了。

「有需要嗎？是不是不信任我的設計？」接著又說：「賈斯丁的論文我已全部讀過，而且也實地參觀過他所設計的土堰堤，這才設計出符合烏山頭的堰堤。」

年輕的八田與一以日本用未曾試過的工法建造亞洲第一大的堰堤，不少技術員抱著半信半疑的態度是可預見的。不過，已經完成基礎工程的一半了，再過一年主工程便可動工。「現在為什麼……」怪不得八田與一會如此想。

總督府開始說服八田與一。

「不是不相信你的設計。也許在烏山頭聽不見，但總督府內有著種種的聲音。為了消音，提高大眾對工程的信心，邀請這方面的權威賈斯丁來看看，不失為良策，這樣做對你也有益……」

如此一說，八田與一也無法反對了。而且賈斯丁已答應將於10月以組合顧問的身分來台。

賈斯丁是個什麼樣的技師，八田與一對他的認識僅止於他的論文。赴美時也沒機會見到他本人。賈斯丁是實際用半水成式工法築堰堤的技術員，應可成為八田與一的良師。

八田與一終於想通了，既然賈斯丁以組合顧問身分從遙遠的美國來台，趁這個機會，讓他仔細看看自己的工程計畫，聽聽他的意見也是有幫助的。

1924年10月中旬，賈斯丁來台。

賈斯丁預定在調查烏山頭工地後，針對堰堤的建造方法和設計寫意見書，並向總督府提出。

當然，實地調查是在烏山頭進行。因此賈斯丁由台北前往烏山頭，有時便住在烏山頭組合的宿舍。以烏山頭為舞台，開始了他的調查。

賈斯丁初次見到八田與一時，驚訝於他的年輕，同時感覺他充滿著技術員的自豪。

八田與一也尊賈斯丁為半水成式工法的前輩。

八田與一將所有設計圖給賈斯丁看，同時說明自己的想法，並且告訴他灌溉用水庫的構想。

賈斯丁問他為什麼要在烏山頭堰堤採用半水成式工法。

八田與一說明此工法符合烏山頭的土質，土堰堤所需的大量適當土方就在附近，而且要在位於地震帶的烏山頭建造長而大的堰堤，土堰堤比混凝土堰堤安全等等。八田與一一邊說明，一邊想著：

「明明知道，為什麼還問呢？曾經用這個工法築堰堤的技術員應該不必再問這個問題。」

這種詢問方式，好像老師在問學生。

賈斯丁以為，採用自己曾經使用的方法來築造亞洲最大堰堤的八田與一在建造時遇到無法解決的困難，因而懇請總督府邀請他，以便求教於他。

實際上，總督府並沒有告訴賈斯丁有關委託他的內情。所以賈斯丁對八田與一以「我教你」的態度相待。

賈斯丁認為他「太年輕」了。

以第一次嘗試的工法來造這麼大的堰堤，八田與一的經驗是不足的。而且他還如此說：

「我已仔細看過設計圖，有幾處跟我的圖有很大的不同。也許是你自己想出來的，但我不明白。徹底調查工地之後，我會向總督府提出意見書。」

好像不滿未照他的設計圖施工，一副具挑戰意味的態度。

賈斯丁心想：「日本人要造這麼大規模的堰堤還早呢。況且設計者八田與一只是一個三十三歲的年輕人，簡直不可能。」

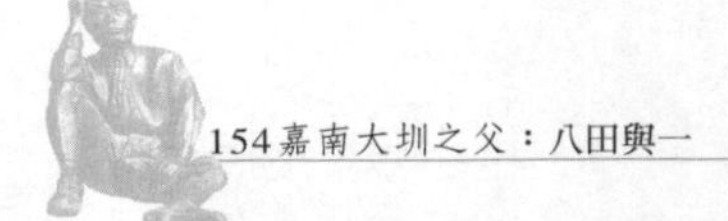

賈斯丁如他對八田與一所言，開始徹底調查工地。

調查費時三個月，以英文寫成厚厚的意見書送到總督府時，已將近十二月底了。

八田與一拿到賈斯丁的意見書後，立即動手翻譯。春假泡湯了。

賈斯丁的意見書裏，除對烏山頭土質合乎半水成式工法堰堤表示大大認同外，接著全面批判八田與一的設計。其中特別有兩點根本就是攻擊。

第一點：「中心的混凝土核不夠高」。照八田與一的設計做核，可能「浸水量過多，致使堰堤有崩壞之虞」。

第二點：「溢洪道不好」。依照八田與一的設計圖，當蓄水池面超過海拔57.6公尺時，為保持堰堤的安全，將進行洩洪，溢洪道溢水口寬120公尺，牆高9公尺，出水口寬18公尺，牆高4.5公尺，坡度三十分之一到六分之一，明渠總長達630公尺，在溢水口設有防風浪的混凝土止水牆，同時在出口處設置水位標高線以防止災害，這可以自動放出每秒750噸的洪水。情況緊急時更可放出每秒1500噸的水到官田溪。

對八田與一以滿溢方式洩洪的溢洪道設計，賈斯丁主張應該在蓄水池內建造圓筒形溢洪塔，作成無異於送水口的溢洪道。

八田與一必需一面翻譯，一面寫反駁的報告書。

八田與一成了日本土木界向美國土木界的挑戰者。他想，如果賈斯丁的意見被總督府採用，而自己被迫做出大更動時，不但自己的信用一夜之間消失殆盡，也永遠不能立足於日本土木界，只能繼續模倣。

爲了日本土木界，絕不能讓步！

八田與一花了三天三夜，以日文、英文寫成針對賈斯丁意見書的反駁書，向總督府提出。

八田與一思路井然地陳述自己的設計是如何地配合烏山頭。

總督府決定檢討兩人那厚厚的論文，同時聽取他們的意見。

論戰開始了。八田與一有自信地主張：中心混凝土核的高度是由黏土的粒子大小來決定。大內庄的土砂含有微細的黏土，可確實防止蓄水池的水滲透，但它的高度過高時則防震力較弱。另外，一旦建了圓形洩洪道，便難以調整水位，將來不利於增加蓄水量。他以此反駁賈斯丁的意見。

總督府經數次檢討的結果，終於決定照八田與一的設計實施。

然而，賈斯丁也不服輸。

「既然總督府決定按照八田技師的設計實施，我不表示意見，不過，照我的經驗來看，可能滲透的水量會相當多。因此，水庫完成後，到底滲透量達到什麼程度，請將結果每年向美國土木學會報告。如果滲透量沒超過我的預料，我認同八田技師的設計是正確的。如果八田技師的設計正確，最起碼今後半水成式工法的設計要更改了，而且八田技師可能留名世界土木界。」

總督府和八田與一都爽快地答應賈斯丁的要求。

八田與一也想知道滲透量的資料。

水庫完成後，按照與賈斯丁之約，每年都寄報告到美國土木學會。

當然，報告書上所記載的滲透量遠不及賈斯丁所預料。

賈斯丁以什麼樣的心情閱覽那報告書，八田與一並不知道。因為八田與一不曾再和1925年春天離開日本的賈斯丁見面。

八田與一終於獲勝了。可是賈斯丁的訪日並非全然徒勞無功。

推翻賈斯丁的意見後，八田與一的設計不必做大更動，即意謂著八田與一的設計被權威人士肯定。

此後，不再有人對八田與一的設計提出批判和疑慮了。因為它已受到很高的評價。

八田與一雖然對設計有把握，但他知道，除非水庫完成，否則他的自信不過是一張空白支票而已。

烏山嶺隧道出口

【第十一章】

烏山頭的八田技師

1925年6月，烏山頭的雨季又開始了，驟雨、陽光交替。開工以來，已歷經六次夏天，八田與一的白頭髮忽地冒了出來。

成為與賈斯丁論戰舞台的堰堤工地好像沒什麼事發生，基礎工程正在進行。

與賈斯丁論戰的焦點：中心混凝土核已灌好長長的1.2

使用水牛踏實地基的有趣畫面

公里，並完成排水幹線、支線，有好幾處正在做回填的作業。

有趣的是，他們用數十頭水牛來做回填。水牛繞圈走在回填的土上，一步一步將地踏實。一邊引進近代土木機械，一邊用水牛的原始方法。因爲當時還未有壓路機，因此用水牛是最有效率的方法。

這年，官田溪排水用隧道的明渠已完成部分，剩下送水塔和堰堤主工程的開工而已。

烏山嶺隧道工程也因爲使用大型開山機而順利地展開。

當時烏山頭宿舍將近二千人，非常熱鬧。

八田與一也盡力給予到烏山頭工作的職工們完善的娛樂和衛生設備。

射箭場、游泳池、網球場、福利社、俱樂部、學校、醫院等就是。

網球場原來只在射箭場北鄰設一處，因不夠用，在出張所後面再設兩處。同時也每月在此放映一次電影。

烏山嶺隧道出口暗渠築造一景

為了烏山頭的百姓，尤其為使技術員的夫人和孩子們不寂寞，八田與一特別由台北請巡迴電影每月來放映一次。當時電影是娛樂之王，放映當天早上，充滿為佔位而帶著草蓆的人們的喧嘩。架好銀幕的網球場一到傍晚，便擠滿員工和家人來觀賞電影。因為露天放映，所以附近也有台灣村落的村民前來觀賞。人多時，甚至分別在銀幕前後觀賞。

日用品可以在福利社購買，缺貨時就叫外送，兩三天便送到。

福利社後面蓋一棟俱樂部。設有舞台的廣闊俱樂部內，有撞球、日本棋、圍棋、麻將。舞台上每年演出日本戲，而且每年邀請「天勝」表演一次特技、魔術，取樂大眾。

八田與一好勝不認輸，而且還常常獲勝。

「我在做孤注一擲的大事，好勝是應該的。」

如此想的八田與一喜歡圍棋和打麻將。下圍棋快輸時就會說：「稍等一下。」因常說「稍等」，對方忍不住就說：「這麼常常等一下，到底什麼時候才能下完呢？」八田與一說：「不稍等，我就輸了呀！」

可是下一次對手說：「稍等」，八田與一卻說：「不行。」對手說：「剛才我等你了呀！」

烏山嶺隧道西口下流暗渠工程一景

「在這時等你的話，我就贏不了。」八田與一說。

如此一來便惹得對手發脾氣，這種情形不只一兩次。

有時看到人家在打麻將，卻又不靜靜地一旁觀看。看到打不好的人就大聲嚷：「這樣不行啦！」員工苦笑說：「白天在工地被罵，晚上打麻將也被嚷，我們的所長眞讓人受不了！」

但是誰都不討厭他，因爲在俱樂部裏，只要八田與一出現，大家便說得更起勁，更熱鬧，充滿了活力，大家都很擁戴他。在俱樂部，只要一聽到八田與一的聲音，大家就會自動靠攏。

八田與一是一位優秀的技師，他不僅有吸引力，還充滿了人情味。他不但策劃了大家喜歡的事，自己更率先參加。

在小學運動場舉行的運動會、棒球賽、中元祭(譯注：農曆七月十五盂蘭盆會時舉行的民間團隊舞)等活動，多采多姿。

排水用隧道開通時，他還特別作了一首歌：「通了，通了，隧道開通了，開通的隧道是全島第一……」教人指導舞蹈，集合員工在網球場練舞。

不喜歡舞蹈的人實在應付不來，但因八田與一本人每天晚上都來練習，因此誰都不敢說不喜歡，不得不參加。雖然如此，大家最後還是高高興興地參加，眞是不可思議！

烏山頭的員工全都是一家人，有著家族般的關係，不僅日本人，連當時被稱爲本島人的台灣人也是一樣。

八田與一絕對不區分統治者的日本人和被統治者的台灣人。對八田與一來說，大家都是同事。

八田與一考慮的事不只員工的娛樂，衛生方面也很注重。因爲烏山頭是原始林茂生的未開發地，瘧疾肆虐，爲此，醫院內特別設備隔離病房。員工患瘧疾，不但有生命危險，對工程也有影響。蚊子是瘧疾的媒介，因此在得知中央研究所的森下博士正在研究瘧疾後，便請他來烏山頭，用烏山頭的蚊子從事研究。

八田與一命令員工捕蚊。在密閉的房間點蠟燭可以殺死蚊子。將死掉的蚊子收集後交給森下博士。結果發現五、六種瘧蚊，因此，一方面驅除蚊子，一方面決定每月兩次定期叫員工服特效藥奎寧。

奎寧有一種特別的副作用，因此大家都不喜歡服用。員工當中也有人說：「若被強迫服用奎寧就要辭職。」因此八田與一叫員工排隊，直接將奎寧投進他們的口中，不喜歡的人根本不吞下去，過一段時間，將它吐在路上，結果路上像雪珠一般散亂著藥丸。

八田與一看到這種情形，生氣地罵道：

「如此關心你們，怕你們患瘧疾。不喜歡服藥，愛發牢騷的人辭職好了。」

話雖如此，並沒有眞的這麼做。

八田與一無計可施，於是一戶一戶拜訪，讓他們將藥丸放入口裏，除非確認吞下去，否則不到下一家。

台灣人特別拒吃這種藥丸。但不許有例外。八田與一如此努力的結果，瘧疾患者愈來愈少。而且特別不喜歡服用的台灣工人，了解八田與一是認眞考慮他們的健康時，後來還變得積極地配合。

工人常賭博。而且常因賭博糾紛發生打架。每次打架，警察就全部逮捕，工程便不能順利進行。

好勝的八田與一也沒辦法，但他並不放棄。

八田與一認爲工人賭博是應該的，因爲這是他們的娛樂之一，而且是必要之惡。

爲此，他決定和嘉南大圳兼任顧問的台南州知事談判。

「在烏山頭發生的事情，全歸我所管。對於工人賭博一

參與嘉南大圳工程的成員

事，也希望算是我的責任而給予默許。至於在烏山頭以外賭博的人，則隨他們的意思處分。以後絕對不讓他們打架，萬一發生糾紛，我願意負責。」

知事雖然苦笑，但對工程擺第一的八田與一，不得不同意他的主張。

以後八田與一默許烏山頭的賭博，但對打架絕不原諒。此事讓八田與一在工人間人緣變好。八田與一雖然對工作要求嚴格，一旦離開工作，則是一位疼惜部下、充滿人情味的所長，亦是一位擅長抓住人心的指揮官。不，他並不需要所長這般頭銜，而是以烏山頭大家族的家長受到全體員工的尊敬。在烏山頭生活的十年間，從沒發生員工傾軋之事，或有人說他行為不正。最主要是他的品德讓可信賴的部下佩服他，以及充實烏山頭的福利和衛生設施。

八田與一有不少優秀的部下。監督股長白木原民次、堰堤股長阿部貞壽、機械股長藏成信一、市川勝次、田中義一、土木代理股長小田省三、島津良能、總務股長檜垣元秀、還有大內庄工地監督山根長次郎，醫院院長松浦保。津本政夫雖然地位不高，但和阿部貞壽一樣是最被信賴的部下之一。

烏山頭有上述這些人支持八田與一，組合本部、總督府也有不少人尊敬及支持八田與一。否則，無論如何能幹的八田與一，也不能完成這麼大的工程。八田與一有領袖的氣質，在烏山頭人事上也發揮了這個美德。

在烏山頭工作的將近二千名職員當中，不盡都是能幹的人。有一次山根長次郎對八田與一呈報：「那個人優秀，請提拔他。」

「因爲優秀的人極少，特別提拔他時，恐會引起其他人不悅。大工程只靠優秀的少數幾個人是做不成的，不如平凡的多數人來得重要。優秀的人有朝一日終會獲得報答。」

八田與一這麼回答，不給予特別提拔。

但是嘉南大圳完工後，八田與一四處奔走讓優秀者得到相當的地位來報答他們。

「要幫人，只能在自己有地位時，一旦沒有地位，單靠自己的能力是無法幫助人家的。」

八田與一常說：「利人即利己」，並實踐這個信念。

八田與一也錄用爲人所討厭的員工。對此部下建議他：「小心他比較好。」

「他的缺點我十分了解。有缺點的人，常有他人沒有的長處。我即使用他也不擔心。」他不在乎地說。

實際上，八田與一曾錄用有前科紀錄的秘書。他是八田與一所任用的前經濟犯，出差時常帶他同行。

八田與一讓他帶著裝有巨款的皮包，有人問：

「巨款若被他帶走，怎麼辦呢？」

「不要看不起經濟犯。除非是傻瓜，不然就應該知道攜帶公款潛逃而失去工作，是划算還是不划算。萬一有事時我負責，不必擔心。」八田與一回答。

在烏山頭的八田與一十分忙碌。他巡視工地，仔細監督。指導完了之後，便在出張所內的研究室繼續研究。

伊東哲所作的八田與一肖像油畫

所長室裏擺放著蘭花。八田與一從小就喜歡種花，但現在沒有閒暇的時間。他特別喜愛蝴蝶蘭，珍愛有加。每當賞蘭，是他最平靜的時候。

八田與一平常穿工作鞋，綁著綁腳，穿工作服，在工地令人分辨不出到底誰是所長，誰是工人。

他只有在貴賓來參觀時才打領帶。

下班後不但不休息，還到俱樂部與部下玩到深夜，將近十二點才進書房看喜歡的書，這樣，一天只能睡四、五個小時而已。雖然如此，一旦到工地便精力旺盛，因此員工認爲他眞是不可思議。

八田與一有著一得空就在樹蔭下睡覺的本事。儘管時間很短、四周吵吵鬧鬧的，他也能熟睡，這亦是八田與一精力旺盛的原因之一。

八田與一也常沉思，而且以他獨特的姿勢思索，這也許是一種癖，員工沒有不知他的怪癖的。

席地，伸出腳，拿帽子的手放在左腿上，右手肘擱在

伊東哲所作的烏山頭堰堤油畫

曲起的右膝上，右手食指和拇指扭捲著頭髮。這是八田與一心無雜念的姿勢。

八田與一思考順利時，便慢慢大力扭捲著前面的頭髮，不順利時，手指移至後面的頭髮，並快速地小力扭捲著；最不順利時，把纏住手指的頭髮一根一根地拔斷，這個時候，部下就開始有所警戒了。

有事找他商量時，部下先確認八田與一是否在慢慢地扭捲前面的頭髮，然後才敢叫他。有時候他會如雷大響，像被雷擊似的，但只是一時的衝動，就像驟雨一停，便轉回清涼的氣氛一樣。

部下當中也有抓住要領的，遇到不好溝通時，卻能在被狠狠罵了一頓之後，提出懸案並成功解決。

不過，提出有關工程的意見而尚未被採用時，得先看時機，經過兩、三次反覆提出後，大致會被認可。

「不顧上司的反對而再三呈報，表示當事人十分有自

信，是深思熟慮的結果，他的熱忱應該被讚揚。雖然不致於完全贊成，但還是承認。有自信的工作者不能因上司一兩次的反對，便失去勇氣而撤回意見。」

這是八田與一的想法。

八田與一不喜歡模仿他人。部下提出計畫時，如果說「因書上有寫……」云云，八田與一就會說：「別人是別人」，要求他應該尊重自己的想法。

八田與一雖然是一位少說多做的人，但還是喜歡辯論，且跟誰都可談。雖然地位低的人或年輕人覺得不能直接跟八田與一說話，但如由八田與一起頭，他們便自然而然地說出實話。八田與一能讓任何人對他吐露心事。

在烏山頭，由於八田與一高尚的人格和完整的設備，再加上每個家庭良好的人際關係，大人小孩都過著自由自在的生活。

在烏山頭的十年間，與父親度過少年時期的晃夫先生回憶當時的生活說：

「在烏山頭的生活，對孩子們來說，就像在桃花源一般，祥和又快樂。」

這由烏山頭第二代，即當時員工的兒子們，在戰後近二十年後重遊懷念的烏山頭時熱鬧談笑的情景可以證明。

這是題外話，記述一下當時烏山頭職員的薪水。

八田與一年俸4000円，加俸五成。阿部貞壽2400円，加俸五成。當時白米一包五円，清酒一升八十錢，中學生的學費每月七十錢。

八田與一、阿部貞壽都是技師，所以用年俸計算。技術員山根、湯本月俸80円，加俸六成。

加俸是日本人的特權，台灣人沒有。

現在，論者常對加俸制度的差別待遇有所批評。事實如此，縱使漸有改善，直到戰敗仍未廢止。

日本為了召集有才能的人，才在殖民地台灣採取這個制度；但就台灣人而言，只是歧視待遇而已。

雖然如此，對八田與一是不該加以責難的。八田與一的薪水連加俸，年俸6000円，與米價做個簡單的比較時，可能相當於現在的2500萬円。對三十九歲的人來說，算是相當高薪。山根、湯本年收入650萬円，跟現在比較，也是不錯。只不過在烏山頭上班，因衛生條件不好，所以比其他職員受到禮遇。

八田與一的生活並不浮華。他位在出張所正北面的住宅，是樸素的木造平房，與其他幹部職員並無兩樣。最愛讀書的八田與一增建一個小書房，是唯一跟其他住宅不同之處。

這間書房掛著伊東哲所畫的堰堤工程風景和八田與一的肖像畫。

伊東是八田與一的親戚，畢業於東京美術學校。其志

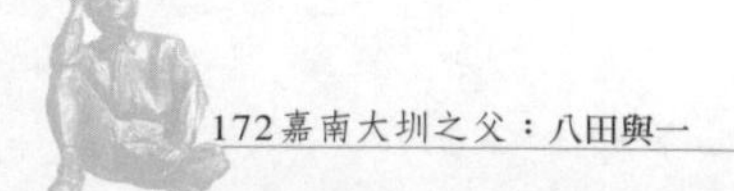

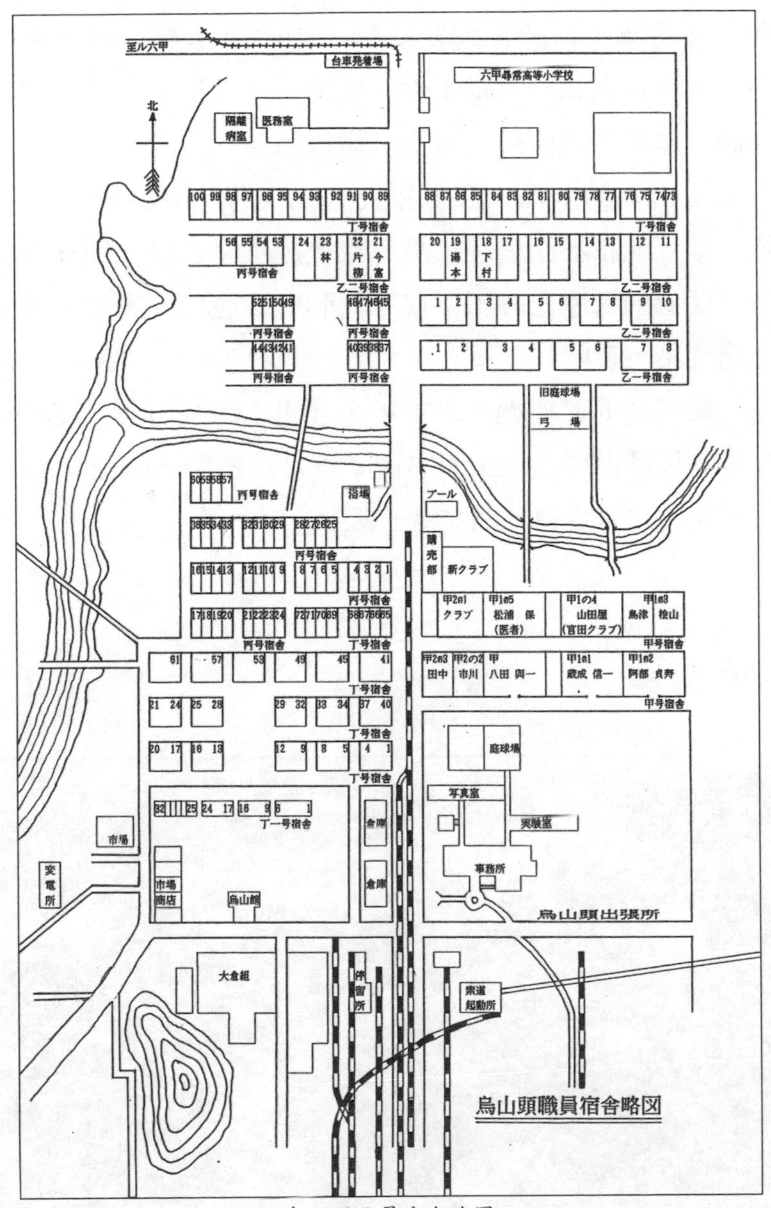

至ル六甲
台車発着場
六甲尋常高等小学校
北
隔離病室
医務室
丁号宿舎
林
片柳
今富
湯本
下村
乙二号宿舎
丙号宿舎
乙一号宿舎
旧庭球場
弓場
浴場
プール
購売部
新クラブ
甲2の1 クラブ
甲1の5 松浦 保 (医者)
甲1の4 山田屋 (宮田クラブ)
甲1の3 島津 検山
甲号宿舎
甲2の3 田中
甲2の2 市川
甲 八田 與一
甲1の1 藏成 信一
甲1の2 阿部 貞寿
庭球場
写真室
実験室
事務所
烏山頭出張所
丁一号宿舎
倉庫
市場
変電所
市場商店
烏山館
大倉組
索道起動所
烏山頭職員宿舎略図

烏山頭職員宿舍略圖

願是當畫家，當時正爲此而修業中。八田與一叫他來台灣，讓他住在宿舍、畫工程工地風景。八田與一買法國製的油畫器具供他使用。也許是想以畫保存記錄。從許多畫中選出喜歡的兩幅，裝框掛在書房。後來伊東赴中國大陸，擔任北京藝術學院院長，戰後於東京過世。現在八田與一住過的房屋已經不存在，只剩成爲廢墟的書房，陽光穿過枝葉，疏照其上。

雖然時間已經過了六十年，油畫上的八田與一還是年輕時的技師模樣。烏山頭的街衢正是八田與一的紀念品。

這年12月11日，四女嘉子誕生。

大壩壩底開挖作業

堰堤射水作業

【第十二章】

亞洲第一堰堤

從大內庄載運土石到烏山頭的德製機關車及台車

1926年1月開工，花費六年的堰堤基礎工程終於完成大部分。

堰堤南邊有一丘陵，由此可俯瞰工地全景。從看台下望，中心混凝土露出表面，呈現一條平緩的曲線，彷彿正在等待主工程的施工。

在中心混凝土左右150公尺處，沿著土核舖設鐵路到烏山頭宿舍附近。

堰堤中央北邊200公尺處有排水隧道開著大口。此隧道於堰堤完成後，預計做爲送水隧道。爲了有效取得蓄水池的水而建設的送水塔工程，以及一面調整一面供給的送水設備工程，都即將開工了。

這些準備工程不到一個月便完工，於2月11日紀元節舉行開工典禮。

自從接觸嘉南平原以來，十年的歲月像激流般地過去

大內庄土石採取現場

了。

八田與一要迎接四十歲了。

八田與一雖盼望著開工典禮，但工程才剛剛進行到一半，想起將要開始的主工程的大考驗，令他喜悅中暗藏著些許的緊張。

在大內庄的五台蒸汽鏟正發出轟轟的聲音向大地刺進大爪。

蒸汽的熱氣和陽光使操作鏟子的工人滿頭大汗。

像人的手腳一樣巧妙的巨鏟，削取大量的土沙裝進被五十六噸火車所牽引的翻斗車。曾經對八田與一說「不會操作蒸汽鏟」的往事好像不存在了。

嚐到機械威力的工人們驚歎其效率之高。當時對所長的鼓勵還半信半疑，辛辛苦苦學習使用的成果，好不容易出現了。

那些提過「以手挖掘比較快」的人，感到非常尷尬。

有一次，爲指導使用蒸汽鏟，Brisus公司的領班來到烏山頭，他要實地教導沒有使用經驗的日本人，讓他們能夠操作自如。

但是他來遲了。

當他在大內庄看見蒸汽鏟被巧妙操作的情形時，非常驚訝，提到要來教他們的事，他羞得面紅耳赤。

「連美國人都比不上！」他如此說。最後連碰都沒碰到方向盤，只在一旁觀看著。

「我沒別的能教你們了。眞不敢相信你們是頭一次使用。」

他留下這句話便回去了。沒有比這個時候更能讓人忘記千辛萬苦。

造土堰堤需要難以想像的五百四十萬立方公尺那麼龐大的塡土。

此塡土是從距離20公里遠的曾文溪岸的大內庄，以德製火車頭將裝在十二輛連結的氣壓式翻斗車上的沙土牽引到烏山頭堰堤工地。

在烏山頭，有十二輛德製大型火車頭、一百輛台車。平常，十輛火車頭均掛上十二輛台車，滿載著沙土穿梭於烏山頭與大內庄的雙線鐵路上。

蒸汽火車頭每天都非常忙碌。

在大內庄裝上的沙土一旦運到烏山頭出張所南邊，便

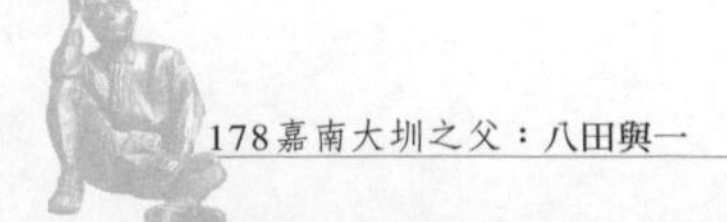

烏山頭堰堤土石填充作業

從這兒折返開到堰堤基地內。

無頂的台車爲斜倒式，所以沙土是在中心混凝土兩側一百五十公尺處傾洩而下，將土塡入。

塡入的沙土以蒸汽推土機推平，六台大型抽水機從內側射出強力的水柱。

沙土運搬、堆積、射水這三個作業程序，在到達1273公尺長、56公尺高前，一再地反覆施工。

當然，由於土堰堤底部寬303公尺，而兩列火車的間距300公尺以上，隨著工程的進展，寬度將逐漸變窄，最後只需一列車就夠了。

在烏山頭以及大內庄，正展開沙土與人的激烈戰鬥。

1926年3月4日，主工程開工後不到一個月，八田與一接到令人悲傷的消息，母親過世了，享年七十七歲。

以機械壓實大壩堰堤

而長兄誠一於1月過世，才剛打過長長的唁電。

因主工程進行順利，八田與一返回金澤。

在金澤的八田家，誠一、友雄、姊姊都已去世。母親死後，只剩智證醫生哥哥而已。

其實智證在那時已罹患胃癌，但是他本人和周圍的人都不知道。

1927年4月，金澤發生彥三大火，智證超過一千坪的宅邸全部燒毀。八田與一曾回金澤見智證，而那一次，就是最後一次的見面。

因爲智證在這年的9月22日過世。八田與一失去了兄弟。雖然悲傷襲擊著他，但是新生命的誕生緩和了悲傷的情緒，因爲次子泰雄於兄長去世前一個月誕生。

而且烏山頭工程也沒有傳出意外事故，正穩定而順利進行著。

主工程開工後過了一年，正是1927年秋天。

一如既往，大量的沙土從大內庄運到烏山頭堆積。

那個時候，中心混凝土的兩側砂土堆成細長的兩條丘陵，伸得長長的。在長長的V字型丘陵間，由大型抽水機射水，流入大量的水，造成巨大的水池。

這個水池是二百餘公尺寬、一千餘公尺長的形狀，含有充分黏土的濁水足足有10公尺深。

中心混凝土已被濁水淹沒，其上是完成一部分的六支人孔筒高高地伸到空中。

六台大型抽水機的鐵管向著兩邊的沙土射水，像救火作業一般，射出大量的水。

送水用的鐵管固定在木架上，因沙土會將它淹沒，所以射水到某個程度時，需要移動木架。木架架在水中，移動時費了不少時間。

作業上使用日式的船，這船也用於人孔的建造作業和交通。水上常有十艘船以上。「堰堤中有行舟」是其特異的光景。

已經運入了一百五十萬立方公尺的沙土，因此大內庄的外觀也變了。曾文溪河床不斷被挖掘，採集場往上游移，有些地方的河寬變爲原來的三倍。

堰堤中心混凝土樁及下流側邊盛土作業

使用大型機械開鑿的排水明渠工程

到了雨季，水位升高，蒸汽鏟常常淹入水中而被水沖走。

災況嚴重時，五台蒸汽鏟只有三台冒出水面，另外兩台不知埋陷何方，要等水退了才能夠確認它的位置。

這時作業就得中斷。其間大內庄的工人會到烏山頭看作業的情形。待他們一看，雖然送出大量的沙土，堰堤還沒有什麼大變化。「到底要送出多少沙土才會出現堰堤的樣子呢？」不論怎樣挖掘都不能使堰堤有所改變，這麼龐大的規模令人驚訝。

單單以沙土來築造巨大的堰堤是不容易的，八田與一也這麼想。雖然從計算上可以得知塡土的數量，但實際挖掘、搬運、堆積五百四十萬立方公尺的沙土是如此地困難，未曾經驗是無法想像的。

可傾倒式的運土車運轉一景

工程雖龐大，但作業本身好像很單純，在這個單純的作業中，黏土猶如生物般變成了中心黏土的鋼鐵層。八田與一以絕對的自信觀察著堰堤的生命：鋼鐵層的成長。

信念支撐著八田與一。

他對自己能貫徹採用機械的信念感到滿意。誰都明白，如果這項作業以人力施工的話，十年絕對無法完成。而且那還要有實際施工經驗才可以這麼說。

可說是「機械在築堰堤」。而操作機械的工人已經變成使機械能完全發揮功能的熟練者。也可以說，當時他們已經體會了先進的技術。

1927年底，堰堤完成了八成，將近40公尺高，開始有了堰堤的雛形。與賈斯丁爭論之一的溢洪道工程也於這年開

八角型的中心混凝土樁及供人員出入的涵洞

始，表土已被鏟除。

這時工程不只在白天進行，加上照明設備，連夜間也施工。爲能如期完工，夜間施工是必要的。烏山頭出現了不夜城的景像。

蓄水池的送水塔以及導水路送水設備工程也已完成基礎工程。主工程即將動工。

溢洪道、送水塔、送水隧道、堰堤工程，不分晝夜於噪音中確確實實地進行著。

送水塔是混凝土造，高15公尺、內徑8.4公尺，十二角形，預定建在離堰堤約10公尺的蓄水池內。

送水塔完成後，接著施工的送水設備工程是穿過堰堤側面的排水隧道。

此工程是將直徑9公尺的排水隧道以6至70公分厚的混凝

土加強，再做爲送水隧道使用，從送水塔到出口的長度有325公尺。

在離入口165公尺處的堰堤中心混凝土正下方，送水隧道的設置含有兩只內徑2.7公尺的蝶形緊急閥室。緊急閥室連結著內徑2.7公尺、厚度12.7公釐、長165公尺和160公尺的兩支鋼製送水管，並由中途分出四支長21公尺的主送水管，同時在其下面設兩支內徑1.8公尺、厚10.5公釐、長38公尺的輔送水管。總共六支送水管露出造在堰堤外的水池。輔送水管是預備送水管，只於水位下降時使用，其中一支設有日立製作的50千瓦發電機。

調整水量的主閥是美國I. P. Moris公司製的特級平衡針閥，在主送水管各裝一個，輔送水管內則裝有日立製作的水壓式針閥。從送水塔取得的灌溉用水流進165公尺長的送水隧道，再進入堰堤正下方的緊急閥室，接著流入兩支鋼鐵送水管，然後進入由此送水管分支的四支主送水管和兩支輔送水管，再進入各針閥室，調整流量後，放射到空中，然後落到設在溢水口的水池內。

溢水口的水池是爲了削弱針閥所放射出來的水勢而造的。最大的寬32公尺、長55.5公尺、水深4.8公尺。

當時的設備是放水量每秒14至70噸，緊急時每秒可放125噸。

放射在水池內的灌溉用水流入接在水池的導水路後，再進入北幹線給水路和南幹線給水路，然後分流於支流、

放水閘門工程一景

分線而到達水田。

嘉南大圳的主要工程是烏山頭堰堤的建造，及將灌溉用水送進水田的給水路、排水路工程。堰堤工程於1927年已完成八成，給排水路工程亦完成六成，照其進度，兩年後可全部完成。

現在來看看給排水路工程。

爲了讓十五萬甲龐大土地都能給排水，需要挖掘的給排水路長度令人難以想像。

當然，水是高處向低處流。爲了在像香川縣那麼大的

土地上築水路，要有坡度讓水從水源到排水口自然暢流，那得先測量地勢。

依據測量結果，考慮在最有效、最經濟的地方開挖溝渠，再檢討工程難易度以決定水路位置。

單想到測量和決定給排水位置，便足以讓人發暈。而且並不只是在嘉南平原地圖上畫出給排水路就可交差了事，得要沿著像網狀一般的路線挖進，否則水是無法流通的。

由嘉南平原上空向下望，有著大大小小的水路網和珊瑚樹形的珊瑚潭，像綠色平原上覆蓋著水織的大網，美麗的風景引人進入夢的世界。「水之網」的雄偉只有從上空看才浪漫，也因爲是人造的，才呈現出機能美。

給排水路總長16000公里，長度可繞台灣本島十三周，將近地球半周。水路平鋪在十五萬甲的土地上。

八田與一決定把十五萬甲的大地分成三區給水。

一個是濁水溪給水區，亦即經由濁幹線給水路來灌溉北港溪以北、濁水溪以南的五千二百甲土地。

此工程除一部分尚未完工外，其餘皆於1927年完工，並開始灌溉四萬四千甲土地。

另一個給水區是由北幹線給水路灌溉的北港溪以南、官田溪以北的五萬六千甲土地。

北幹線總長47.4公里、寬7.3公尺、水深3.6公尺，最大流量每秒66.5噸，有四座水路橋，31條給水支線，44條分線，66條排水路，5座防潮堤防，12處自動排水門。

北幹線在濁幹線和北港溪河床連結，此工程是由最後一位烏山頭分所長赤堀信一監工，以虹吸管連結。

剩下一個是由南幹線給水路灌溉的官田溪以南的四萬二千甲土地。

南幹線寬4.5公尺、水深2公尺，最大流量每秒20.5噸，總長達10公里，有3座水路橋，6條給水支線，46條分線，35條排水路，四座防潮堤防，八處自動排水門，單單附屬建造物就有33處。

送水至北幹線、南幹線的導水路底寬3.4公尺，上部14公尺，最大流量每秒66.7噸，逆台型，總長1.55公里，用來連結烏山頭送水口和南北幹線。

由烏山頭水庫和濁水溪取水口所取得的水，如下圖流送出去。

烏山頭貯水池(珊瑚潭)・濁水溪

↓

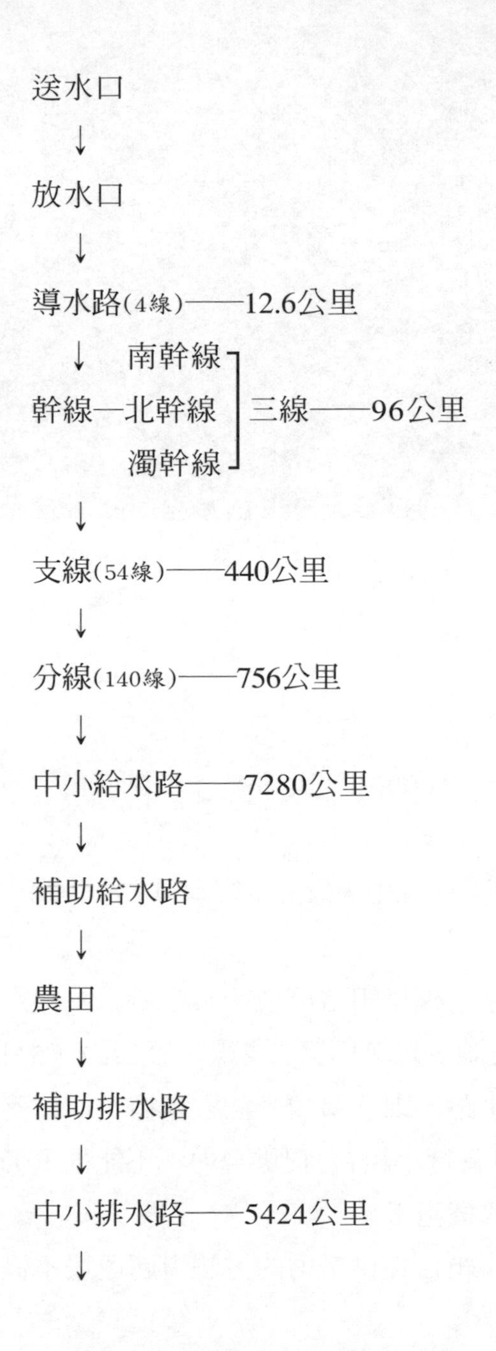
送水口
↓
放水口
↓
導水路(4線)——12.6公里
↓
南幹線
幹線—北幹線
濁幹線
三線——96公里
↓
支線(54線)——440公里
↓
分線(140線)——756公里
↓
中小給水路——7280公里
↓
補助給水路
↓
農田
↓
補助排水路
↓
中小排水路——5424公里
↓

大排水路(145線)——760公里

↓

河川・海

從烏山頭到海口，16000公里水路的水流到底需要多少日子呢？

這些工程中，南北幹線由大倉土木組承包，於1920年動工。

其他的給排水路工程是組合直營。其中給水支線是以急水溪以北爲第一支線，以南爲第二支線，於1927年5月動工。關於中小給排水路，則計畫由受益人承擔，以村落爲單位，組成1900個「實行小組合」提供勞力。不能提供勞力的，可付費給組合代替施工。

但是，由實行小組合提供勞力的方法引起農民不滿。

導水閘門分爲南幹線與北幹線分流

尤其是有水路通過的地主，因爲沒有得到租金和農作物補償，對組合強烈不滿。雖然如此，組合仍無視反對的聲浪，繼續實施。

總之，16000公里的給排水路工程順利於1928年完成將近九成。但工程並不是只挖通給排水路就夠了。

分水門、給水門、放水門、溢洪口、水路橋、鐵路橋、車道橋、步道橋、落水工、暗渠、明渠、總長96公里的防潮堤防，還有設在二十五個地方的防潮自動排水門等等，光是主要建造物就有四千餘處。

而且，無論那一個都不是簡單的工程。

這些設施若不完成，是不可能有效給水的。

例如，防潮自動排水門設在大排水路與海水的接著點，漲潮就關，退潮就開，讓多餘的水流出。以此來沖洗沿岸一帶的鹽分，防止鹽害。其中還有超過40公尺長的。

海邊(上)及河岸(下)的防潮防洪自動排水閘門

另外，水路橋是爲了讓水通過嘉南平原上的河川而造的。此水路橋不只水可通過，水路上還有道路可走，是一種兩用橋。

最大的水路橋架在曾文溪上，長335餘公尺，有八支橋墩，間距36公尺。鐵板製的箱型水路，最大流量每秒20噸，水路上面爲6.3公尺寬的縱貫道路。

現在有新造汽車專用橋架在水路橋旁邊，但水路橋的橋身雖然經過了五十九年，至今仍安全耐用。

防止河川氾濫、保護農民的防水護岸堤防工程總長達228公里。水門與水門之間的監督所和本部與烏山頭聯絡的專用電話線總長1360公里，電話設置有199處，共計247部電話。

這些電話完成後，可做爲水量調整以及發現故障和危險時聯絡水門關閉的時間。還有十處專用變電所，輸電線總長117公里，搬運工程材料的鐵路共13線，達105公里。

烏山頭的堰堤工程、嘉南平原的給排水路工程和主要建造物都在趕工，於1928年初已完成全工程的九成。

接近完成時的烏山嶺隧道出口

不久，八田與一所設計的嘉南大圳將要誕生了。

1928年6月17日是台灣始政紀念日，這一天八田與一在所長室聽到了艱難的烏山嶺隧道貫通的報告。

犧牲了許多人命的隧道終於貫通了。

興奮的八田與一於7月1日舉行開通典禮，將設在堰堤上的六支大型抽水機向著天空同時放水，以示祝賀。

堰堤上照常卸土沙、射水，其高度將近50公尺，巨大的土堰堤像城牆般高高地聳立著，向遠處綿延而去。

在城牆上遠看火車運卸土沙的情景，好像庭園盆景的模型一般。

1929年，濁水溪排水路、防潮堤防、導水設備全部完工。10月，南幹線、北幹線水路、支線、分線、排水路等大部分完工。

11月12日，一年半前貫通的烏山嶺隧道工程全部完工。

工期實費七年半，嘉南大圳全工程中最多犧牲者的艱

1273公尺的堰堤工程全景，依稀可見進行中的射水及土石填充作業。

難工程、全長3700公尺的烏山嶺隧道終於完工了。

曾文溪的水流進了烏山嶺，開始向烏山頭旅行。

現在只剩下烏山頭工程。堰堤工程的部分最後留一道鐵路，1930年2月最後一班車從大內庄運完土沙。

突破重重難關，烏山頭堰堤終於完工了。

在那裏，以半水成式工法施工的亞洲第一大土堰堤，全長1273公尺、高56公尺，以宏偉的姿態橫臥一方。

3月，十二角形的送水塔也跟著完工。進入4月，費時八年半的堰堤工程全部完工，開始蓄水。

此送水塔工程的完成，意謂著除了零碎工程外，嘉南大圳所有工程都完成了。

自從計畫以來，經過十年動工歲月的這整整十三年，其間歷經了安東、明石、伊澤、山上、川村等七位總督，接著是石塚英藏總督的時代。從動工到完工，與嘉南大圳並行的組合幹部只剩枝德二、八田與一、阿部貞壽、田中義一、山根長次郎等人。

八田與一坐在蓄水池的堰堤上，回想十年的歲月。雖然過去的十年像走馬燈一樣，但每天都是充實的生活。

一陣從未有過的感動，流過他的體內。

「這是老天爺讓我造的。沒有老天爺的幫忙，這麼龐大的工程是做不成的。只是我的運氣好罷了，我的一生或許再也沒有從事這麼大事業的機會了。」

十年的歲月過去，八田與一四十四歲了，白頭髮可以證明。

我在尋找曾參與亞洲第一堰堤的台灣人。

我要見他們，不只為蒐集照片資料和文獻記錄，還為了藉著他們活生生的聲音來證實當時烏山頭的狀況：在那兒的生活、工程，還有關於八田技師的事。

然而，這是六十年前的工程，即使當時只二十歲的年輕人，現今也都八十歲了，是不容易遇上的。水利會的黃先生找到兩名，並安排我和他們在烏山頭事務所見面。

我帶著小錄音機趕到那兒，這是1982年11月19日的事。

其中一位蔡金元先生（七十五歲）是當時從大內庄運送土沙到烏山頭土堰堤的火車頭司機。

蔡先生在烏山頭機關區服務，從1926年一直到堰堤完成為止。後來在官田鄉公所當幹事。

雖然只在烏山頭服務五年，但看起來彷彿是他一生中最值得回憶的歲月。堰堤工程中的明信片、與機關區職員合照的紀念相片、任命書等，都妥善保存著。

蔡先生清楚地告訴我關於烏山頭的狀況，和對八田技師的回憶：

常傭夫　蔡金元
工手補ヲ命ス
日給一圓十七錢ヲ給ス
昭和四年十一月三十日
公共埤圳嘉南大圳組合

「我十二歲時開始在烏山頭工作。當時日薪六十五錢，後來昇爲一円多。」

「在機關區，56噸大型火車頭有十二輛。單在機關庫，職員就有一百個人吧。我想，烏山頭全部應有二千人以上。總而言之，那是個大工程。」

「起初工作時間按照規定是

橫跨曾文溪的水路橋，下爲水道涵洞。

出乎意料的輕鬆，後來爲了趕上落後的工期，便開始工作到晚上九點鐘。但這樣還是趕不上，以後變成二十四小時輪班工作。當時還年輕，所以不覺得累。」

「我當時開火車搬運沙礫，那時火車頭沒裝速度表，所以得憑直覺。」

話題轉到有關八田技師的事。

「八田先生有許多事令人難忘。八田先生和堰堤股長阿部先生常搭我的火車到大內庄視察。那時因爲天氣冷，大家都喜歡搭乘有鍋爐的火車頭，但八田先生和阿部先生一定搭乘沒有車頂的裝沙礫的台車，絕不乘火車頭。這件事情台灣人都知道，實

在令人感動。」

「有一次，八田先生所戴的大甲帽被風吹走了，我想停車去撿，他說不必了。當時大甲帽很貴，一般人會去撿回。那情形讓我很感動。」

接著，坐在旁邊的黃先生補充說：

「台中的大甲盛產大甲帽，八田先生好像常戴這帽子。不只當時，就算現在也不便宜。」

以後我才知道，大甲帽就是台灣巴拿馬帽。

蔡先生又說：

「工程落後時，就加班到很晚，那個時候八田先生一定會來巡視，不時鼓勵我們。這一般人是做不到的。」

「因此台灣人都很尊敬八田技師。」

嘉南大圳烏山頭堰堤工程全體成員合照

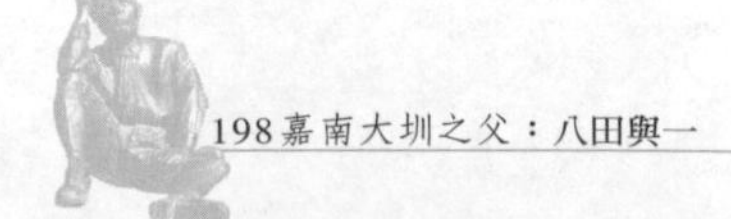

從蔡先生的話，我感覺出蔡先生以知道烏山頭及八田技師的事爲榮。

還有一位陳登來先生（七十九歲），於工程動工翌年，即1921年5月成爲組合的職員，從事測量工作，直至戰後的1969年，約在烏山頭服務五十年，猶如一部烏山頭水庫的活辭典。

陳先生日語講得不太好，而且重聽，所以必須經由黃先生傳譯。

他說到堰堤開工時，以非常吃驚的口吻說道：「龐大的工程開始囉！」

因爲當時他只有十六歲，所以會對龐大的工程規模感到吃驚。

據說陳先生是由測量工作轉入土壤實驗室，後來從事管理烏山頭上水道設施。從1939年參與防風沙造林工程，直到退休爲止。

談話中常聽到「バッテン」，這是「八田」的台灣話發音。對八田技師的回憶比工程還多。

陳先生印象最深刻的是跟八田技師到東口測量的事。那時剛好總督府的人來視察，只有當官的人坐轎，其他的人都走山路到東口。因爲他才剛剛上班，所以現在還記得很清楚。

「八田技師對工程的要求很嚴格，但是平常是愛惜部下的好人。當時常常舉辦職員的狩獵大會，八田先生也常去。八田先生是好人，他的夫人更受人喜歡。」

我問：「陳先生認識他的夫人嗎？」

他答：「很熟悉喔！」接著談起外代樹女士。

「夫人是一位謙虛、對人親切、不會擺架子的好人。夫人過世，時大家都很傷心。她火葬時，我也曾去幫忙。」

蔡先生也說：

「她長得美麗，對任何人都親切，以女人來說，我覺得她算是大人物。」

千言萬語道不盡，於是我借了一些貴重照片離開烏山頭。眾多嘉南民眾口中的八田並非虛像，而是真真實實地活著。所以直到現在，八田技師的銅像依然被妥善地保存著。

烏山頭工程並非樣樣都那麼順利。

工期長達十年的大工程，犧牲了很多人。

不只烏山嶺隧道工

程的犧牲者，也有不少人因水土不服而染病喪命。

工程中犧牲者眾，單單組合的員工就有70人，連家人共計134人。

日本人41人、台灣人92人，均成了烏山頭的一坯土。

在烏山頭死亡的日本人被葬在小學校北邊的日本人墓

落成後，洩洪一景。

地。

烏山頭所長八田與一每次聽到有人死亡的消息，心裡便充滿了悲哀，這種悲哀是他終生難忘的苦。

受到犧牲者靈魂的保護，烏山頭水庫完成了，且蓄了水，展現出一個漂亮的大人工湖。

兩個月後，一億五千萬噸的水淹滿所有的溪谷，有的淹至山腰以上，有的淹到山腰，被淹沒的山只能看見樹木而已。

其形狀正如前下村總務長官所取的名字，跟珊瑚樹沒有兩樣。

台灣面積最大的人工湖：珊瑚潭就此誕生了。

5月10日，在能俯瞰滿水的珊瑚潭的丘陵上舉行竣工典

滿水時的珊瑚潭水庫一景

禮。

在烏山頭附近的廣場招待曾參與工程的工作人員及其家人和鄉親們，並開慶祝會。因爲有3000名日本人、600名台灣人參加，所以一個會場不夠，不得不設兩個會場。

會場上有摸彩、放煙火、提燈隊、電影、台灣戲、攤位，舞台上則有家人不斷跳著舞，烏山頭呈現一片大拜拜的熱鬧景象。

除了八田與一，誰也舉行不了持續了三天的盛大慶祝會。

這是八田與一對十年來同甘共苦的伙伴們的一種體貼。

八田與一也忘了一切煩惱，跟著一起熱鬧。

烏山頭大家族不久將面臨離別的時刻。這是大家長所能給予他們的最後的大拜拜。

在拜拜氣氛還未消散的5月15日舉行嘉南大圳通水典禮。在眾人的觀禮下，六門針閥全開，每秒70噸的水流發出轟轟的聲音，飛濺出無數的水沫。向空中放射的水沫在陽光照射下出現了彩虹，然後落到大水池。

十年來都在盼望的光景，此刻就在眼前展開了。一起高呼拍手的聲音被轟轟的水聲給蓋過了，不久化成了熱淚，沿著雙頰流下。

八田與一並不哭，也不會哭。眼前流進導水路的水沖掉了十年來的勞苦。對八田與一來說，此情此景彷彿進入另一個世界。

整個大圳的導水路通水，恰恰花了三天才告完成。

烏山頭灌溉在此踏出第一步。猶如珊瑚潭的水被嘉南平原吞下去一般，嘉南大圳吞下了莫大的勞力和費用。

據1930年發行的《嘉南大圳新設事業概要》，這個事業是以國庫補助1200萬円、銀行借貸2190萬円、組合分擔金八百萬円，合計4200萬円開始的。

4200萬円說來輕鬆，在當時工人日薪不足一円的時代，這金額大約相當於現在的3000億日円以上，可是這麼龐大的費用仍不夠，所以1924年第一次追加預算，總預算變成4816餘萬円。但仍不夠，於1929年追加第二次預算，以5348萬円爲總事業費。

這是由於部分工程的修改費、土地徵收費、補助費上漲，以及工程完成後需要籌措員工遣散費等，但籌措困難。

因此追加預算，本工程終於得以完成。

但因圳路有一部分故障，不得不延期，還有往後因風災、水災而重建的工程，再追加655,000円預算，以總事業費5413萬餘円，於1932年完成全部工程。

總事業費中，約一半的2674萬円是國庫補助，餘額由受益人負擔。

此受益分擔金暫時向銀行貸款，於工程完成後分年清償。因此，如果包含銀行利息，那就超過7500萬円的龐大金額了。

這種規模，相當於戰後日本最大的愛知用水的十倍以上，如果現在興建那麼龐大的工程，可能需要5000億円以上。

附帶說明，愛知用水於1957年開工，五年後竣工，總事業費423億日円。包括幹線、支線的給水路總長爲1247公里，水庫蓄水量970萬噸，計畫灌溉面積爲三萬三千甲。因進入工業化，所以被縮小爲一萬五千甲。

無論那一方面，嘉南大圳都凌駕愛知用水。

世紀大事終於完成了。

不久，因這個水利使得受三重苦的不毛之地轉變爲「台灣的穀倉地帶」，帶給嘉南六十萬人經濟上的恩惠。

嘉南的人們歡天喜地。

從此，八田與一的名字：「嘉南大圳之父」永遠深烙在嘉南農民的心中。

【第十三章】

八田技師銅像

八田銅像深藏著嘉南民眾溫暖的故事。

烏山頭堰堤工程即將完成的1930年3月，八田與一雖爲工程忙得不可開交，卻常感心情消沉。

因爲烏山頭工程一完成，十年來一起生活的同事及家人便不得不離散。

1月，八田與一將服務於總督府內務局土木課的任命已經下來了。

在誰都不願意離開烏山頭的氣氛下，爲爾後繼續保持聯絡，從技師、辦事員、勞動者到工人，大家產生共識，組成「交友會」，八田與一被選爲會長。

交友會首先計畫爲工程期間因事故或水土不服而染病喪命的同事和家人慰靈，建立殉工碑，於3月底完工。

這個殉工碑現在還立在烏山頭。

從烏山頭水庫入口處，爬約300公尺，在可以俯瞰導水路和放水門的地方，這裏有混凝土造的休憩所，由此右轉，沿淨水場邊的小路步行20公尺，便可看見聳立著的大石碑。

碑作成三段，最上段的細長碑上刻著「殉工碑」，後面刻「維新昭和五年三月建，烏山頭交友會」。中段的石板正面，以八田與一之名，刻有如下的碑文：

「嘉南大圳，以其廣袤大地蒙受之利澤，工式雄偉之水源，稱冠於世。雖則工程既細且微，施工上遭逢諸多之困

難，但歷經十年辛楚，全部工程終致完成。諸子在此期間遭遇不慮之災厄，或罹風土之病疫，以致長眠於此空茫異鄉之墳塋，誠堪痛惜。雖諸子同為犧牲之殉工者，但以一死竟克鼓舞從業工程人員之志氣，終使此項大工程得以竣工，此又可謂偉大矣。

噫噫，彼淙淙之曾水溪水，蜿蜒之長堤，蘊藏汪汪美麗潭水，拜奉隨時之灌溉給水，滾滾環流無止盡。以此言之，諸子之名亦不朽矣。

乃茲在此卜地建埤，以傳諸子子子孫孫者也。

昭和五年三月

烏山頭交友會長　八田與一」

其他三面石板上，有工程期間因故死亡的組合工作人員和家人的名字，共134人，沒有日本人、台灣人的區別，照死亡順序刻上。

水庫竣工和通水典禮告一段落後，八田與一從嘉南大圳組合解職，但仍爲部下謀職四處奔走。

所到之處就會受到優遇，「只要是八田技師推薦，肯定沒問題。」那也是有道理的，因爲參與完成這麼大工程的人，大部分都擁有一身好技術。

決定了去處的同事和家人，就像掉牙一般，陸續離開烏山頭。

八田與一也決定八月離開住慣了的烏山頭，回到台

殉工碑：在嘉南大圳工程中殉職的員工及其家人共134名。

北。

交友會的成員爲讚揚和紀念八田與一的功績，決定贈送他一座銅像。

從交友會中選出八人爲發起人代表。首先要商量的是「要製作怎樣的銅像」。

一般紀念性的銅像不是全身就是半身。因此，交友會代表打算跟八田與一商量，究竟是全身或半身銅像。

八田與一雖然感激他們贈送銅像，卻說：

「堰堤並不是我一個人造的，謝謝你們的好意……」

但代表們回答：

「我們想以它來象徵交友會的精神，因此，與其說爲所長而立，還不如說是爲全體工作人員。」

八田與一聽到「爲全體工作人員……」，也就不能再推辭了。

「這眞是難得，但我有一個請求，千萬不要像一般常見的：穿正式服裝、充滿威嚴地站在高台聳立的銅像那樣。」

接著又說：

「在這十多年間，我每天穿工作服、腳上穿的是日本布

鞋綁著綁腿，一副從事工程技術者的模樣，根本沒有穿過西裝。可能的話，照實際的樣子作，不要放在高台上，直接放在可俯瞰珊瑚潭的地方就可以了。」

這是他的心意。

那個時候，代表們想起八田所長曾經穿工作服在堰堤上席地而坐，以左手撐著額頭，用右手食指捻捲著頭髮。這是沉思中的八田與一特有的姿勢。

銅像決定遵照八田與一的願望，採用穿著工作服席地於堰堤上的沉思模樣。

堰堤起點北邊的小山丘可俯瞰珊瑚潭和堰堤，是一個適當的場所。

不做台座，直接放在地面，比較能自然地呈現八田與一平常的樣子。因而決定放在地上。委託誰製作銅像，又是一個問題。最後決定由八田與一的遠親，也就是畫烏山頭油畫的伊東哲畫家，介紹金澤出身的雕刻家吉田三郎製作。

然後是開始募集1,600円的費用。由原烏山頭出張所585名職員各自捐款，同時「交友會」和敬仰八田與一的人，以及台灣工人們也捐出不少款項。八田與一受全體工作人員的敬仰，尤其那些當時稱爲本島人的台灣工作人員，更是視爲慈父般地敬慕。

1979年長男八田晃夫到烏山頭爲雙親掃墓時，八十一歲的老翁和老伴牽著手，拄拐杖，特地來看他，並說：

「我曾是電氣工程師，在烏山頭服務過。直到現在，仍然視曾在八田所長之下做過事爲終身的榮譽。我希望藉此表達我的心情。」

或許他也曾在其他日本技師下面工作過，但對於能在被樹立銅像的八田與一屬下工作，並參與浩大的土木工程：烏山頭水庫而深感自豪。因此，不顧老邁，仍有著想見八田所長兒子的心情。

老人談起往事，彷彿昨天才發生似的。

他說起八田與一，例如工程進展不如意，或者爲了有關工程的事而煩惱在深思時，此時若有人叫他，會招來斥罵。

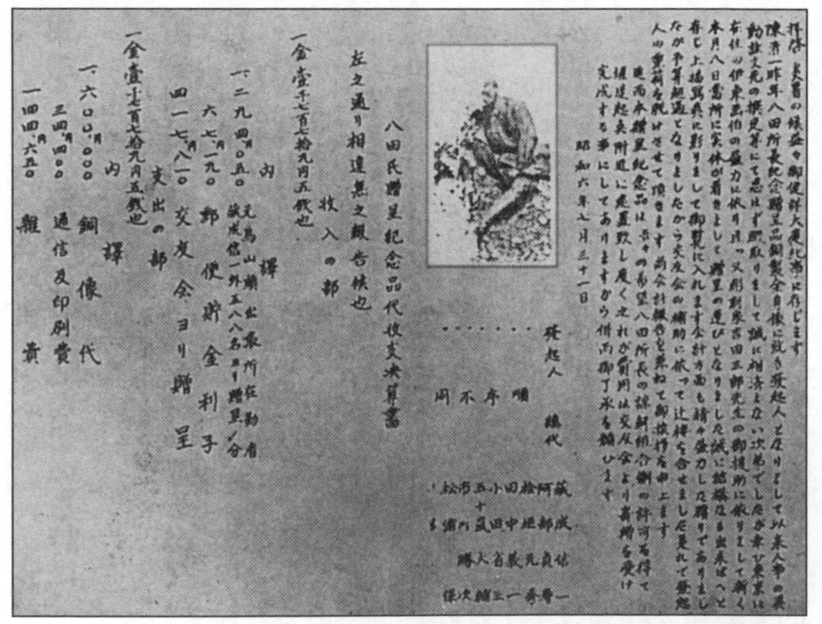

拝啓 貴台益々御健祥大慶此事に存じます

陳者一昨年八田所長紀念贈呈品銅製全身像に就き発起人と成りまして以来人事の異動並交先の撰定等にて思はず暇取りまして誠に相済まない次第でしたが幸ひ東京は本社の伊東画伯の盡力に依り且つ又彫刻家吉田三郎先生の御援助に依りまして漸く本月八日当所に実体が着きまして贈呈の運びとなりました誠に慶賀ある出来ばへと存じ上描写真に影りまして御覧に入れます尚会計方面も諸々盡力しましたながら予算超過となりましたから交友会の補助に依って辻褄を合せました是れで発起人の重荷を脱けさせて頂きます 尚会計概算を兼ねて御挨拶を申上ます

追而本贈呈紀念品は兼々の希望八田所長の銅像許可を得て堰堤起点附近に据置致し是く之れが前用は交友会より寄贈を受け完成する事にしてありますから併而御了承を願ひます

昭和六年七月三十一日

発起人 總代

順序不同

八田氏贈呈紀念品代収支決算書

左之通り相違無之報告候也

収入の部

一金壹千七百七拾九円五銭也

内訳

一、二九四円〇五〇 元烏山頭出張所在勤者並成信一外五八八名ヨリ贈呈ノ分

六七円一九〇 郵便貯金利子

四一七円八一〇 交友会ヨリ贈呈

支出の部

一金壹千七百七拾九円五銭也

内訳

一、六〇〇円〇〇〇 銅像代

三四円四〇〇 通信及印刷費

一四四円六五〇 雜費

建造八田技師銅像的謝函

但是，在烏山頭的工作人員，尤其是台灣的勞動者，絕不會對此有所反感。被斥罵後反而更振奮，更努力加油。

人們感受到八田與一的魅力，由於他爲烏山頭勞動者盡心設想，建造連都市都罕有的設施，提供休息場所。或是與勞動者共寢食，穿著與工人相同的工作服。同甘共苦的一體感，深受平日接觸的異民族的台灣人所感動。

八田晃夫說：

「家父是所謂典型的技術者，在烏山頭十年間，沒見過他穿西裝工作。」

從這件事可以看出，八田與一不但是一位有能力的土木技術者，嚴格要求中仍不失人情味。不然無法指揮兩千多位勞動人員，也就不能完成那麼大的土木工程，更不會有贈送銅像的事。

1931年7月8日，期待中的銅像送到了烏山頭。

從包裝中拆開的銅像，像極了八田與一。

粗糙的銅塑像充分表現出八田與一席地於堰堤上沉思且富有人情味的感覺。

每個人都滿意這個傑作。

當我第一次看到銅像時，對它的與眾不同以及充滿人情味感到驚訝萬分。

我想如果參加雕塑展的話，一定會是眾人稱讚的藝術作品。

直到最近，大家仍認為八田與一銅像的製作者是吉田三郎。農田水利會的人和在烏山頭工作的人，也都相信不疑。

這也是當然的事，因為贈呈銅像揭幕典禮當時的邀請書中有「……因伊東畫家之盡力，雕刻家吉田三郎之協力，於本月八日將銅像送至敝所。將舉行贈呈典禮……」的記載，關於製作者，只有吉田三郎的名字。

就我在台灣採訪的資料裏，也只知吉田三郎，因此認定銅像的製作者為吉田三郎。

但是回國後訪問住在春日井市的八田晃夫，談到烏山頭的生活和銅像時，我問：「製作銅像的雕刻家吉田三郎先生還好嗎？我想見他一面。」

他回答：

「關於吉田三郎先生，以前有一位新聞記者寄信和剪報來，說製造家父銅像的人不是吉田三郎先生，而是金澤的雕塑家都賀田先生。這裏有封信，請您看一看。」

他出示一封褪色的信。

我興奮地一口氣讀完。

讀完後，我猜想，也許都賀田勇馬才是眞正的製作者。

1976年12月19日所發行的《北國新聞》中，有一篇由大谷大學北西弘教授所執筆的有關八田與一努力成果的簡單報導，旁邊有銅像的照片。照片下面有這樣的說明：「為紀念

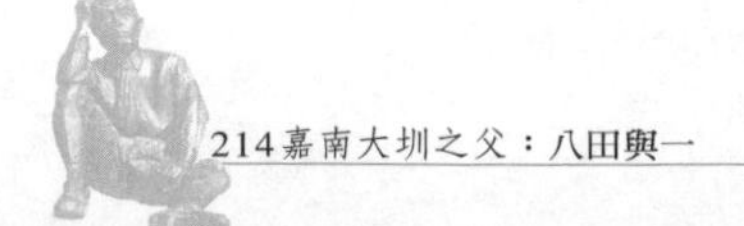

堰堤完成，由都賀田勇馬氏(住小松市)所製作的八田與一氏之銅像。」

另外，這封信是由曾勸我寫報導的記者所寫的，信裏寫著：「在報紙上介紹八田技師之功勳，結果收到曾經參與烏山頭工程的人指點銅像製作者的名字有誤。於是向都賀田氏確認，得到：『不錯，是我製作的。』這樣的回答。如有不對的地方尚請鑒諒。」

我問晃夫：「誰是眞正的製作者呢？也許是兩位共同製作。」

他回答說：「我也不清楚，要是收到信馬上查明就好了……」

我想，既然都賀田勇馬自己說這銅像出自己手，所以想見個面以明白眞相。

經過半年，突然想到，因這是罕見的姓名，也許查電話簿就可查到。問電信局，結果得到「小松市姓都賀田的只有一家，但名字是伯馬」這樣的回答。

我認爲此伯馬氏說不定是勇馬的弟弟，或兒子，便試打電話。

正是都賀田勇馬的家。接電話的伯馬氏說：

「勇馬是家父，三年前過世了。他是一位彫塑家，跟吉田三郎先生是前後輩的關係。曾聽過製作台灣總督府技師銅像的事。如果能看到銅像的照片，就知道是否家父的作品，因爲他的作品不像吉田先生那樣講究技巧，而是粗獷、充滿力之美的風格……」

聽到這裏，我便確信八田與一那粗糙、有力的銅像正是都賀田勇馬的作品，但為了慎重，仍將照片寄給伯馬氏。

經過數天後，伯馬氏回信，並寄給我裝幀漂亮的勇馬氏的作品集。

此作品集將都賀田勇馬氏的傑作彙集成冊，作品年譜那頁明白寫著：「昭和六年，四十歲，朝倉私塾塾長，台灣總督府技師，〈八田氏之銅像〉。」而且伯馬氏的信寫著：「一看照片就確定是家父的作品，連我也覺得八田氏銅像作得眞好。」

八田與一銅像的製作人正是都賀田勇馬。

或許，八田與一的銅像是由伊東介紹而委託吉田三郎，後來因某些理由，最後變成由後輩都賀田勇馬承作，這一點倒仍無法證實。

吉田和都賀田都是金澤人，是東京美術學校的前後輩，住過同一間公寓。勇馬後來師事朝倉文夫，活躍於私塾，在池袋開工作坊，不斷有好作品問世。

就是八田與一的部下把照片拿到池袋的工作室，委託他製作銅像的。

勇馬製作銅像時，常有九成參考照片，最後將完成時才請本人來。因伯馬氏如此說，所以也許八田與一曾於出差時和勇馬見過面。

勇馬於1951年發願在小松市郊外的「巖窟院」擔任院長，並且還發表不少優秀作品，1981年以九十歲高齡逝世。

勇馬的父親又吉曾擔任巡查，於1900(明治33)年赴台與原住民交戰而死。都賀田家並非與台灣毫無淵源。

銅像遵照八田與一的希望，經「交友會」的了解，得到組合的許可，設置在堰堤的起點，恰可俯瞰珊瑚潭。1931年7月31日，舉行贈與揭幕典禮。那時放置的地點比現在約往前一公尺處，而且不造台座，只用一支鐵桿直接固定於地面而已。這樣放置銅像也算是稀奇的。從遠方看時，好像眞的是八田與一本人在那兒席地沉思。

之後八田與一的銅像眞是命運坎坷。

八田與一的銅像被送到烏山頭兩個月後，1931年9月，日本在滿州發生事件，開始了中日十五年的戰爭。

不久，日本在中國大陸猶如身陷泥沼而動彈不得，遂於1941年開始輕率對世界發動戰爭。

中途島戰役戰敗後，變爲守勢，終於敗戰。

物資，尤其以鐵銅爲主的軍需物質不足，便由軍部發令，開始收繳金屬。

特別重視銅的繳納，日本國內的銅像和銅製品陸陸續續被運到煉製所鎔化了。

象徵「交友會」精神的八田與一銅像也不例外，1944年被切斷鐵桿繳出，從烏山頭消失了。

那時被切斷的鐵桿的末端，至今仍保留在現在銅像的正前面。

戰爭於1945年8月15日因日本戰敗而結束。

台灣以「波茨坦宣言」歸還給中華民國，從中國大陸派第七十軍駐防台灣。繼之，陳儀被任命爲台灣省行政長官來台接收。

住在台灣的日本人，除萬餘名留用者外，其餘旋即被遣送回國。1946年2月28日，第一批日本人離開了基隆港。

在台灣，戰後的混亂還繼續著。

日本統治下的台灣，台灣人和原住民以皇民化運動被視爲日本人，投入日本軍，相信日本必勝，比日本人還更活躍。

日本戰敗時，大部分台灣人與日本人一起哭泣。統治者的日本人戰敗，而被統治者要實際感覺站在勝利者那一邊，是要一些時間適應的。

曾經是彼此交戰的敵人的中華民國國軍前來接收台灣。曾經是台灣統治者的日本人，全部離開台灣。台灣的局勢有了大變化。

其間，八田與一的銅像仍舊下落不明，大家都相信已經被鎔化，不在世間了。

就算仍在某個地方，相信也和其他的日本銅像一樣，不是被打壞就是已遭鎔化的命運。

但是，八田與一的銅像被組合職員偶然發現，放置在番子田(官田)火車站的倉庫內。

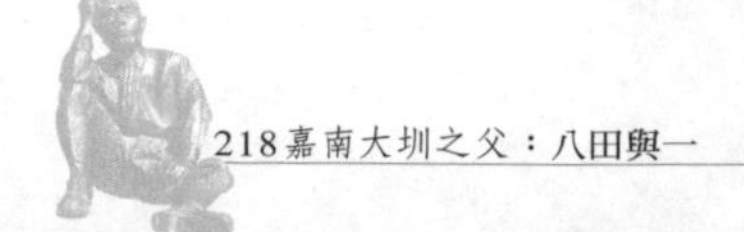

組合在番子田的所有監視所和倉庫，有職員駐守著。有一天，那個職員在倉庫內的收繳物資中發現被扔掉的銅像。所幸八田與一的銅像並無損壞，於是馬上聯絡組合。當時組合已由日本人移交台灣人，名稱亦變更爲嘉南農田水利協會了。

組合的人聽到「八田技師的銅像還在」的消息時驚訝不已，同時衷心歡喜這個發現。但是當時的社會狀況是不允許大聲談論此事的。雖然八田與一是嘉南地區的恩人，但終究是一位日本人。

水利會偷偷地向政府買回銅像後，悄悄將它運回烏山頭。這個秘密如果敗露，不知將會被如何處罰。此舉算是賭命的行爲，因此不能放回原址。

他們最怕八田與一的銅像再度從烏山頭消失。

銅像放在八田與一全家曾經住了十年，但現在是空屋的陽台上。

不久，所有嘉南農民行過此銅像時都會合掌膜拜。

當時獻納給台南神社的神馬銅像，發生腳和尾巴被鋸斷盜賣的事件。因爲那時銅是貴重的金屬，可售得高價。

水利協會爲避免如上述的遭遇，將八田銅像遷移至烏山頭管理事務所妥善保管，以防不肖之徒。

不久，社會愈來愈安定，不再排斥日本，台灣經濟也好轉，便出現了將銅像遷回俯瞰珊瑚潭的原址的聲音。大家認爲以後不會有被盜、被損之虞了。

因此農田水利會於1975年向政府申請銅像設置許可，但收到「不准」的通知。

當時，日本與中華人民共和國正式締結「日中和平條約」，並對中華民國單方面斷交。

在那時，儘管是嘉南平原的恩人，也不能夠公然許可設置日本人的銅像。

1978年，再次申請設置，等了很久卻沒有下文。

嘉南民眾雖然失望，但不死心。

也許政府的立場不得不採取默認的方式。

耐心等待的水利會人士擔心：「也許政府默認，但將來也有可能接到不得設置的通知。甚至有可能遭人盜賣。」為解決這個問題，遂決定製作銅像的模型。

只要有模型，萬一有意外情況，還可以再製作同樣的像。如此，從銅像鑄造母模，嘉南人終於放心地決定將它放在原址。

1981年，這一次加上固定的台座，將它設置在原址。這是銅像被拆離烏山頭後三十七年的事了。

八田與一的銅像，再度被嘉南民眾溫暖的心圍繞著，俯瞰著珊瑚潭。

我造訪烏山頭時，聽到農田水利會職員吳德山先生談到有關銅像的事，便問再設置時加設台座的理由，他高聲地說：

「當初放置銅像時，八田先生還健在，聽從他的意見而席地擺放。但是這次安置，因八田先生已過世四十年，他已成神，事實上不少嘉南農民認定他是神，既然是神，就算提高安置也不足爲怪。我們便是基於這種想法。」

聽了這話，覺得八田與一彷彿遠在天邊，但也許嘉南人不忍心看到八田與一銅像被污染，也或許是對八田與一銅像保護到底的決心。

現在，八田與一的銅像是唯一留在台灣的日本人銅像。

我對八田與一和嘉南人們深厚的關係感到驚訝，同時認爲八田與一已經不是一個日本人，而是超越民族的國際人。

八田與一的銅像宛如嘉南的守護神，迄今還看守著珊瑚潭。

【第十四章】

敕任技師八田與一像

「完成嘉南大圳的心臟」烏山頭水庫的八田與一，再度穿上一度脫去的官服，於1930年8月帶著家人離開烏山頭。

在火車站，剛就任第一屆烏山頭分所長的阿部貞壽及多位部下和台灣勞工朋友前來送行。

每一個人都爲將和八田與一分離而悲傷，八田與一也一樣。十年來，他奉獻青春和貫注心血的土地，以及跟著他一起生活的部下，就此離別，令人依依不捨。

但是，新的工作在等著八田與一。對總督府而言，八田與一是一位不可欠缺的人才。八田與一和家人回到台北，在等待宿舍的一個月裏暫住陽明山旅館，隨後遷入千歲町的台灣電力社長宿舍借住。這是個佔地三千坪的大房子，人家稱之爲「鬼屋」，沒有人住。

總督府內務局土木課技師，高等官三等一級，正是八田與一的官階，職務是水利股長。

當時的官等俸給制度是1910年以敕令公佈，高等官官等俸給令及文武委任官等給與令和俸給令有詳細規定。

據此，分爲總督、總務長官、法官、檢察官、大學校長、教授、州知事、部長、局長、技師等的高等官，和教師、郵政局長、屬、技手、警部、翻譯官等的委任官兩大類。

高等官是親任官，爲最高官位，其下分爲一等官到九等官。二等官以上爲敕任官，三等官以下爲奏任官。

以總督府來說，親任官只有總督一人，總務長官爲一等官。

總務長官之下設有部長二人、局長七人，而敕任官是局長以上的官；以下大部分是奏任官或委任官。

總督府內規定奏任官專任技師爲60名，不能昇爲敕任官，但特附「其中一人得爲敕任」的但書。

敕任技師是技師的最高官位，年俸4600円，而且可乘總督府分配的黃包車上班。

台灣總督的年俸爲6600円，由此可知敕任技師的薪水之高。所以當敕任技師不是容易的事。

總督府內務局裡，敕任官只有局長而已。

內務局以土木課、地理課、兵事防空課、地方課和庶務股組成，土木課有488名技術員。

因爲土木課課長是由內務省以兩、三年輪派年輕的奏任官擔任，雖然職務比八田與一高，但八田與一的階級在他們之上。事實上，台灣土木界是以八田與一爲中心。

八田與一雖以水利股長終其一生而不再昇官，但是地方土木課長的人事則由他一手決定。

雖說在台灣島內的土木相關人士無人不知八田與一的名字，但是當時八田與一還沒昇爲敕任技師。

八田與一於1939年成爲敕任官，被推薦的理由是嘉南大圳的努力成果。

回到總督府以後，馬上要著手的是創設技術員協會。此構想是嘉南大圳工程開工前八田與一所計畫的，因辭掉總督府技師而無法執行，所以暫時擱置。

八田與一常對技術專家的待遇比事務官低一事打抱不平。

他痛感技術員有必要創設協會，團結一致，提昇自己的地位。

因此，八田與一擬以設立技術協會爲提案，號召各種技師於總督府餐廳召開第一次會。結果得到多數技師的共鳴，熱烈的意見陸續提出，決定設立協會。八田與一很自然地被選爲協會的會長。

八田與一認爲有需要培養技術員，尤其是台灣的技術員。因此常常召集年輕技術員商談。

藉由協會的設立，總督府內的技師聯繫緊密，意見疏通，技術交流，進而團結一致處理事務。

同時，八田與一於11月設立「台灣水利協會」。這個協會只是水利相關人士的組織，以台灣各地的水利組合爲評議員，而且每月發行機關雜誌《台灣的水利》，八田與一也在第一回第四期投稿題爲〈有關水泥〉的論文。

此後，八田與一發表論文、意見等計十三次，對水利土木界的貢獻頗多。

八田與一是一個講求實踐的人。認定是好的事，經熟慮之後，必強力推動。有時候被前輩譏誚時，他毫不介意、態度強硬地說：「老人說的話是落伍的，不想指導年輕人讓他們發揮力量。」

1931年7日17日，六女成子誕生。

連十二歲的長女正子，共二男六女八個子女，個個健康地成長。

時到秋天，幸町一丁目的總督府宿舍完成了，八田與一全家從千歲町搬了過來。這官舍附近有台北帝大附屬醫院、中央研究所、台北州廳等總督府各機關，以及州立第二高等女子學校、私立台灣商工學校、州立台北第二中學校、州立台北商業學校等文教施設。總督官邸和1919年完成的總督府附近有著寧靜的好環境。

我於1982年10月尋找八田一家曾住過的宿舍。

因把晃夫先生寄來的日本時代町名的手繪地圖對照現今的地圖，很容易地找到目的地。

雖說「能夠找到目的地」，但那是地點而已。很可惜，八田與一所住的房子已經不存在，只有十五樓高的「中國航運大樓」聳立其處。

那個地方是現在的林森南路和濟南路一段交叉口一帶，大樓周圍還有部分當時的官舍，有三、四棟日本式房屋，讓我得以追念往事。

而且宿舍對面的私立商工學校，雖改名爲私立開南高級商工職業學校，但仍沿用日治時代的外觀。從官舍遺址向西走出來，學生活潑的笑聲正逐漸遠去，只見曾經稱爲「三線道」的美麗的中山南路。

從這一條路可通至當時的台灣神社，分隔三線道的安全島上種著椰子樹，長著鮮綠的葉子。

道路對面是台灣大學附設醫院。以紅磚和大理石蓋的醫院是近藤十郎的設計，於1924年完工，有美麗的雕刻，是台灣最大的醫院。

沿著三線道朝南可到建於清朝的東門。由東門向西轉，可看見總統府。這麼引爲自豪的總督府是台灣最具代表的建築，由長野宇平治以比圖方式得獎所設計，於1919年3月完工，總工程花費280餘萬円，前後費時八年。2107建坪的加強磚造五層樓建築，中央塔高九層，睥睨台灣全島。

從八田與一住的官舍徒步的話，大約須二十分鐘，正好適合散步。八田與一也許曾坐黃包車走這條路上班，就這麼想像地一路走到總督府。那天是光復節前一天，街上行人很多，總統府的外觀也被盛大地佈置一番。

現在把話拉回1931年。這年夏天，有一位年輕人到土木課水利股上任。

他就是青年宮地末彥。

宮地青年與八田技師同是金澤市出身。1925年畢業於金澤一中，1928年畢業於第四高等學校，接著進入東京帝大農學部，並在1931年春天畢業於農業土木科，再以總督府技手的身分來台。

宮地青年不但和八田與一同鄉，所進的學校及就職的地方也相同。

不過，和八田與一赴任當時不同的，是他所赴任的台

灣其建設已卓然有成，並不輸給日本內地，同時還有八田技師在等著他。

此後直到八田與一遭遇大洋丸慘事爲止的十一年間，宮地青年一直是八田與一優秀且活躍的助手。

就我所得知的資料中，直接在八田與一下面工作的人，現在能見到的就只剩宮地末彥一人。山形要助、濱野彌四郎、下村宏等前輩不用說了，在烏山頭擔任部下的白木原民次、藏成信一、阿部貞壽、山根長次郎、赤堀信一、湯本政夫等都已過世。

初次看到他是在晃夫氏的信裏。信中記載著：「父親與三部下赴菲律賓途中被美國潛水艦擊沉，死於東支那海。」並寫出三位部下的名字，宮地末彥正是三人當中的一位。

而且信中還如此寫著：「三位部下中獲救的，僅宮地氏一人，但不知他現在何處。」

雖然沒料到有三名部下和八田與一同赴菲律賓，但有生還者則更是意外。因爲以前曾聯絡過以搭悲劇之船：大洋丸而九死一生獲救的人所組成的大洋丸會，由事務局長佐藤裕弘氏寄來的〈大洋丸會相關人士名簿〉中已發現「八田與一，台灣總督府，派遣地西里伯島，遺體、遺物，第二睦丸船長」等文字。而被派遣至西里伯島的，只有八田與一，因此我推論八田與一是隻身搭乘大洋丸赴西里伯島上任而於途中死亡的。

讀完信之後，我立刻取出〈大洋丸相關人士名簿〉，看看宮地末彥是否也登載其中。

有了！

「宮地末彥，派遣地馬尼拉，台灣總督府。」如此寫著，還記載著住址、電話號碼。

我好興奮。好像找到丟在沙中的小寶物似的。曾經仔細翻閱這本名簿好幾回，一定重複看過宮地末彥的名字。但是因爲八田與一的派遣地爲西里伯島，因而沒把這兩個人聯想在一起。

派遣地西里伯島應該是弄錯了。

因爲名簿上有但書寫著：「記載內容照各位所申報的原文，一概不加修改。」所以可能是申報時誤寫的。

發現宮地末彥這個唯一知道八田與一臨終的人，我興奮極了。

當時我無法再保持寫信、等回信那樣的冷靜態度。

看錶，下午八點多，是日本九點多。

我立刻給日本宮地家打電話。

感覺等待呼叫是那麼地漫長，接著聽到由日本傳來的第一聲。

「喂喂，這裏是宮地。」

我喘一口氣說：

「請問宮地末彥先生在家嗎？」

體內流竄著緊張，但它立刻就消失了。

「我就是宮地末彥，請問您是那一位？」

我連自己的名字都忘了，只顧著說：

「眞的嗎？您是宮地末彥本人嗎？」

如此一再問他，眞是失禮之至。宮地氏本人說「我是宮地末彥」時，我卻再三反問。

宮地末彥氏

能夠直接和宮地先生講話，覺得很興奮，喜悅充滿了我全身。

我簡單地告訴關於八田技師和大洋丸的事，同時自我介紹。

宮地氏自己好像很驚訝的樣子，說道：

「現在在台灣嗎？是由高雄打來的電話嗎？眞難爲你能找到我呢。八田先生的事我十分了解，大洋丸的事是一生也忘不了的，詳細情形寫信給你。」

能夠知道八田與一臨終時的情況，而且還有正確派遣地的證詞。猶如從大洋丸名簿裡把亂線理開了，好不容易找到唯一知道八田與一臨終的人了。

皇天不負苦心人。

宮地氏健在的消息，比什麼都令人高興。

我直想，眞是好運。

結束三年的服務回國，我終於能夠在東京的大飯店與宮地夫婦見面了。他再度告訴我在台灣的生活和大洋丸的苦難回憶，以及關於八田技師的事。

現在把話題轉回台灣吧。

八田與一將自己年輕時代的影子投射在和他同鄉以及走過同路的宮地青年的身上，溫暖地看護著他，指導他成爲有爲的技師。

由於八田與一對數字很有概念，乘除都用心算。但是周圍的人都跟不上，據說他們經常帶著算盤和八田與一洽事。

八田與一常訂購英文的《技術新聞報導》(Engineering News Record)和《土木技術員會刊》(Proceeding of Civil Engineer)，隨時讓宮地閱讀。而且聽說看完之後，要他翻譯主要的部分，登載於《台灣水利》雜誌。

八田與一常吸菸。八田家代代有禁菸家訓。這是由於第四代的八田四郎兵衛因吸菸而引起火災，導致村落被燒毀四成，共四十間房屋。因而宣告：「親族者，往後禁菸。若再爲引火之禍首，必逐出村落。」需嚴格遵守之。

八田與一破了例。

他常吸「朝日牌」香菸，不知道爲何點火時一定用二支火柴，周圍散落著灰燼和半白的頭髮也不介意。

因思索時以手指扭捲頭髮，毛髮便落在桌上。這是八田與一特有的習慣，於烏山頭時仍持續這樣的習慣，而且一生不變。

八田與一扭捲頭髮，向新的長期計畫挑戰，這就是「全

島土地改良計畫」。

雖然以前也曾施行土地改良調查，但申請調查預算時，採取分區給預算，這是一個如不分區，預算就不能通過的怪方法。因此土地改良變成像在補破衫，把水源和耕地組合在一起複雜化了。八田與一想將它簡化，不再把台灣全島細分，而看成一塊土地，做一體化的土地改良計畫。八田與一的計畫總是宏大的。但是因爲官吏間強烈的爭奪地盤，所以根本沒有被順利同意的道理，當然也就拿不到預算了。不得已只能以很少的預算先做測量，但無論如何總是不夠。預算不足便找組合通融，但還是不夠。所以八田與一就根據過去測量的資料，在圖上做基本的計畫。而且採用將那些圖檢討好幾次，一個案子完成後才費時實地勘查的方法。

此「全島土地改良計畫」終於在花費六年多的歲月後宣告完成。

另一個讓八田與一傾注熱情的計畫是「大甲溪電源開發計畫」。

大甲溪貫穿台中州，全長124公里，僅次於曾文溪。

八田與一於嘉南大圳完成前一年，就開始研究這項計畫。如果在這條溪的上游做圍堵的話，可以完成台灣最大發電的電力水庫。

「嘉南大圳已經到了交給誰都可以的階段了。你看這地圖，大甲溪是條有趣的河川，下次大工程將在大甲溪。」

他如此告訴部下。

他預備開發大甲溪的計畫，不是夢，而是將它實現。但籌不出預算，遂把它當做長期計畫，有時間就翻開地圖，將想到的事記錄下來。

於兩個計畫皆在進行中，八田與一拜訪嘉南大圳組合的本部和烏山頭。烏山頭的阿部分所長以及不少部下都歡迎他。

八田與一像一位父親似地經常巡視職員們和水庫。有一天，一位職員詢問有關水庫壽命時，八田與一答：

「單爲蓄水池用時，可以用一百年或二百年。但以灌溉用蓄水時，因土沙堆積迅速，可能只有五十年的壽命。」

因此職員再問：

「五十年後怎麼辦呢？」

他笑著說：

「那時可以在曾文溪上游再造另一座水庫，珊瑚潭當成導水路就好了。以後想再計畫曾文溪水庫，但到時可能發明人工雨，所以不必操心。」

部下們被八田與一將來的對策所感動，一同笑了。

烏山頭靜悄悄的。因爲發出噪音的諸多大型土木機械全都不見了。

在烏山頭和大內庄烏山嶺隧道工程所使用的蒸汽鏟，以及其他所有土木機械，都因要用在花蓮港築港工程，而先在烏山頭分解，然後從高雄港以船運到花蓮港。

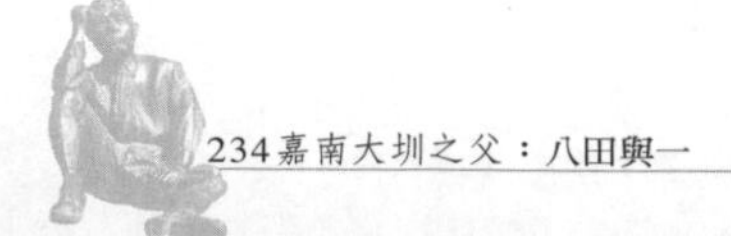

花蓮港是由八田與一的友人、基隆港第二任所長松本虎太郎所設計，於1931年開工，勸他使用大型土木機械的就是八田與一。因此能夠以七年工期就完成。

當時已經變成大工程非用大型機械不可的時代了，這是嘉南大圳的成功帶來了一個新時代。

另一方面，在嘉南平原正實施「三年輪作給水法」。

這個給水法是礙於以兩個水源也無法每年供水給相當於香川縣那麼大的嘉南平原全域，而由八田與一所思考出來的卓越構想。

此法把十五萬甲全域依水路系統分作三個區域，再將每個區域以一百五十甲劃爲一區，然後再將每五十甲分成一小區。以每年輪流的方式，一小區種夏季單期水稻，另一小區種甘蔗，剩下的小區種雜糧。

稻作需水的時間是6月到9月，甘蔗10月到翌年4月。所

當時北港地區以三年輪作方式耕種的稻作、蔗作寫眞。

以分成三區，三年輪一次，一次給水量只需三分之一，而且一年當中，每個區域各有三分之一的地方可以種植水稻、甘蔗和雜糧。

當然，因爲是輪作，所以對某一區來講，頭一年種水稻，第二年種甘蔗，第三年種蔬菜等的雜糧，這樣可防止耕地的地力低下，又可防鹽害，眞是一舉兩得的分期方法。

這個方法在農民已可自由種植的今天還繼續施行，由此足以證明八田與一的構想正確。

八田與一卓越的思想在「技術員應將工程照設計完成就可以」的時代裏，不只將工程完成，更進一步設想完工後的大地該如何有效地利用，讓耕作的農民能分享到公平的恩惠。

三年輪作給水法實施成功、嘉南平原變成良田沃野之後，八田與一曾經如此告訴阿部貞壽：

「我不抄襲過去，而是以參考過去做爲前進動力，以此做爲技術員的座右銘。因此半水成式工法的採用和三年輪作的創新已令我滿足了。」

也許只有八田與一有此想法。

但是在嘉南大圳成功的背後，爲維持管理完成後的大圳，對長期受封建時代束縛的農民反覆啓蒙、指導的組合職員們的勞苦、忍耐和努力是不能忘記的。

嘉南大圳不僅在工程上運作著擁有十萬人的有機集團

的組合，如果不能在產業上產生極大效益的話，就不能算是成功，這一點有別於工程的辛勞，算是個新難題。

過去土木技術員只要完成工程，讓水能疏通就好，但這不足以使它成爲富有生機的嘉南平原。

維持管理嘉南大圳的是組合的職員，直接種植農作物的是農民。

農民曾經害怕繳納分擔金，那些反對提供土地而被官兵收押的人們，更是不喜歡三年輪作的耕作統制。

仍不相信嘉南大圳之價値的農民也不少。對這樣的農民，不得不讓他們理解耕地交換和共同經營化、機械化的優點，總之，就是教他們農業近代化。更悲哀的是，嘉南農民當中，不知如何種稻的人不少。不只如此，也有人不知道什麼是農業。

因爲長期住在缺水、不能耕作的地方，有人不知道農業也不足爲奇。因此，組合的職員，尤其是水利方面的技師和116所灌漑監視所的監視員、55所水利監視所的職員不得不對爲數超過十萬人的農民指導依照三年輪作的農業，並監督土地改良、水路補修、農道設置、灌漑計畫水量調整，實行小組合的管理等等。這些紮紮實實的工作，需要耐心的努力，持續了三年，終於開花結果。

首先由看天田和沙地的土地改良開始。

看天田就是只在下雨時利用蓄雨水從事稻作的農地，在嘉南平原已算是條件不錯的土地。但這片一萬甲的看天田，從地表約一公尺深有著石灰岩和氧化鐵形成的土層，長久下來，土地凝固，耕土深度變成約20公分，形成不浸透層，種植稻米以外的作物時，根部沒有足夠的空間可以伸展，是生產力很差的土地。組合得到製糖公司的協助，用蒸汽犁犁鬆不浸透層，深耕80公分之後，藉由與下層沙地混合而改良。

推動改良之際，不知道蒸汽犁的農民因為抓住拉索，妨礙作業。但是發現從改良的土地上收穫三倍以上的甘蔗或稻米後，便不惜一切同心協力了。就是因為實施土地改良，所以農作物的根才可以長得更深，因而有了健全旺盛的發育結果。

另一方面，在由沙地所覆蓋的海岸地域則必須抵抗強風。北風吹得沙塵飛揚，道路和鐵軌都被掩埋。居民多罹患眼疾，不但飲用水，連洗濯水都沒有，更別說種植農作物了，這是一塊任何人都不敢抱持夢想的不毛之地。

因此，一開始通水就著手造防風林。

先種低矮的茅草，等生根後，再種較高的木麻黃樹。經過三年與風沙的作戰，通水後將不毛沙地變成綠色大地了。

而且灌溉用水洗去鹽分後，如果不繼續耕作，鹽分就再以毛細管原理浮出表層，所以依三年輪作法就能夠防止鹽害。

因此，地力迅速地擴張。同時，也徹底實施了稻作指

導。

嘉南平原僅需少量水就能種植水陸兩用的細長、沒黏性的在來米，但收穫量極少，由於常食有粘性的日本米種的日本人不喜歡在來米，價錢不貴。因為氣候與日本不同，所以昂貴的日本米種在台灣大都不能栽培。1921年，由磯永吉技師確立栽培日本米種的理論，三年後，於台北、嘉義栽培成功。

這項成功令伊澤總督於1926年把在台灣栽培的日本種稻米命名為「蓬萊米」。在提早開始灌溉的濁水溪系統的土地上成功地種植了「嘉義晚二號」蓬萊米。其餘的於嘉南大圳完成後種植「台中六十五號」米。此蓬萊米是針對地域、收穫、耐病的劃時代品種，由台中農事試驗場末永仁技師所研究出來的。

以後全稻作面積的百分之七十五種植「台中六十五號」，可說是蓬萊米全盛期，不用說，當然也包括了嘉南平原。

然而，指導不知稻作的嘉南農民栽培蓬萊米是一件不容易的事。從插秧、播種、耕田、翻土、田水的管控、施肥、噴藥、割稻、脫穀、篩穀到使用農具，組合都耐心地一一指導。以實行小組合為中心，一遍又一遍開講習會。

結果，反對的農民覺醒了，既學會水源的利用，也適應了三年輪作，不但達到增收的效果，也理解了組合的事業。種蓬萊米既能以好價錢輸到日本內地，農民當然更加認眞了。

1930年，當組合水利股技師的中島力男說：

「那可是艱難的。八田先生是一位傑出的人，既造水庫又提出三年輪作法，嘉南平原是靠他才變成綠色大地的。但不可忘記的是，如果只靠完成嘉南大圳和送水，農業是不能成立的。開始通水後，爲啓蒙農民，多少人經歷了艱苦，沒有這些艱苦，就沒有嘉南大圳的成功，沒有這個成功，對八田技師的評價就會有所不同。」

中島以組合技師守著嘉南大圳，直至1946年。我赴大分縣宇佐市訪問中島時，才知道爲嘉南大圳奉獻青春的，絕不只八田與一一人。

「在嘉南大圳的工作，是我終生自豪難忘的事。長眠在烏山頭的八田先生，雖然不幸慘死，但卻永遠活在農民心中，我認爲他是幸福的人。」

我在這些談話中，感受到他對嘉南大圳和八田技師的熱忱，而且不悔奉獻青春給農民。

自從開始通水後的三年，即1933年，中島技師以及其他組合技術員和農民的努力，終於開始有了明顯的效果。

米增產83,000噸，值790萬円；甘蔗收入增加了1150餘萬円，雜糧收入增加了110萬円。

全體來看，大圳完成前有1,400萬円的收入，大圳完成後，變爲3,400餘萬円的收入，增加2000多萬円。

這筆金額在三年間便足以償還工程費。

中島力男氏

效果並不只這些。

以前的不毛之地是乏人問津的，好的土地也只值每甲平均300円，現在卻變成三倍，值900円。那些幾乎一文不值的土地，也急漲到將近200円。

整體多出了9540餘萬円的附加價值。單單地價增值的部分就足以償還工程費，還綽綽有餘。

另外，因排水設備的完成，鹽害比預定提早消失，使地力提高。每一甲的平均收穫量大大地超出當時的預料，眞是令人歡喜的「贈品」。

當然此經濟效益大大改善了嘉南農民的生活。

首先，因爲通水，生活用水不虞匱乏。這件事跟可以耕作一樣是大喜事。

農民收入增加，繳納每甲平均五円的臨時稅金和平均八円的水租維持費後還剩不少，生活日漸寬裕。

以往用甘蔗葉和竹子建造的簡陋房舍，改爲堅固的磚造房子。居民的服裝變漂亮了，商店裡排滿商品。吃的方面也有了改善，這從他們的便當就可一目瞭然。另外因爲有了給子弟教育費的預算，進高級學校的子弟也愈來愈多。

嘉南六十萬農民的生活變寬裕了，同時對八田與一的

有「蓬萊米之父」美稱的磯永吉博士

評價也愈高。

「八田技師是農民的恩人，我們不能忘恩！」

大多數農民如此地口口相傳。

嘉南大圳的完成，和組合技術員以及農民的努力，使得以往是不毛之地，被棄之不顧的廣大土地變成舖滿綠毯似的綠野。

台灣最大的穀倉就這麼產生了。

在嘉南平原已重生爲綠色大地的1924年，水利大會在進行築港中的花蓮港舉行。

八田與一也參加大會，但他另有目的。

他想利用這個機會勘查正在設計的大甲溪電源開發計畫的現場。

八田與一於大會開完後，與台南州的本田土地改良課長、農業水利組合長、台電的隅田技師以及部下名取技師等八人，爲實地調查，從東至西橫越3000公尺以上連峰的中央山脈。

由花蓮出發的一行人，經能高，再橫越現在台灣唯一的滑雪場合歡山，到了達見。達見位於大甲溪上游，有泰雅族部落，曲折的彎路變爲斷崖向下伸展。沿著大甲溪走下陡峭山路的八田與一，緊貼著岩壁走過危險的山路，爲尋找堰堤的場所，精力充沛地展開勘查。

實地勘查的結果，他對大甲溪電源的開發抱持著非常確信的希望。本來想即刻開始測量，但因缺乏經費且人手不足而作罷。因此，八田與一由台中州水利組合和大甲溪方面的組合出資，繼續調查。

假如這工程決定實施的話，八田與一並不打算由自己執行。

「年輕人雖然沒經驗，但大工程非用年輕人不可。不管怎樣，由三十五歲左右的人執行，雖說有經驗，但畢竟年紀大了，又沒有精力。年輕人雖然沒有經驗，但還有力氣，要找像拉馬車的馬一般的人才。我做烏山頭水庫時才剛畢業，沒充分的經驗，有的只是活力而已。山形先生非常信任我，說：『你做做看！』讓我有機會嘗試，這才能夠完成那個水庫。所以我阻止反對這個計畫的人，讓年輕人能自由自在地發揮。」

八田與一常告訴部下關於自己的論點，並且奉行不渝。這是八田與一從經驗體會出來的哲學。但有關調查費一事則不如意，因爲台中州的組合不再出資了。

八田與一不放棄。這次想向內地資本家勸募，他於1934年來到東京。

召集遞信省的水力課、火力課的技師，爲他們說明大甲溪開發計畫。這是大甲溪首一次「露臉」。

接著去拜訪海軍省軍令部、陸軍參謀本部。結束官方的拜會，剩下的是與資金有關的人士。八田與一造訪三井以石井穎一郎爲首的領導階層。在爲他們說明時，他被問及：

「台灣有那麼好的電源開發地點嗎？」

結果，因而得到好評。

回台後的八田與一一面向台灣總督覆命，一面翻開有關大甲溪開發構想的圖面做說明。

聽完說明的總督決意執行大甲溪電源開發。

這個構想以後由內務省土木課負責推行，並在1942年，即八田與一搭乘大洋丸赴任的那一年開工。戰爭不但奪去了大甲溪發電工程的提案人，連工程也一併奪走了。不過，八田與一的構想於戰後由中華民國接手，化作德基水庫。

中華民國福建省省主席陳儀曾將福建省灌溉計畫委託美國技師調查，未完成而被擱置，因此陳儀再聘請八田與一調查。

1935年8月，八田與一應陳儀之聘，帶著妻子外代樹赴福建省調查水利灌溉設施的計畫。

八田與一走遍福建省的山岳地區，將完成的灌溉計畫交給陳儀。

陳儀瞠目驚視著八田與一計畫的確實性及其宏大，同時以後對八田與一的爲人寄以深深的信賴。陳儀主席雖有留學日本的經驗，是親日派，但因未曾認識像八田與一這

樣的大人物，對他遠大的計畫驚訝萬分。

戰後，陳儀被任命爲台灣省行政長官，於1945年10月一上任，就由白木原技師帶路參觀八田與一所造的烏山頭水庫，緬懷八田與一的功績，慰問其在天之靈。但在1947年2月28日爆發外省人與本省人的衝突事件，即所謂的「二二八事件」，因追究責任而被解職，後因投共而被槍斃。

1936年2月，八田與一迎接五十歲的生日。

因五日後發生「二二六事件」，繼岡田內閣之後，廣田弘毅內閣誕生。爲珊瑚潭命名的下村宏也被邀入閣，雖辭任《朝日新聞》副社長，但遭到陸軍反對，不得不對入閣一事斷念。

社會進入軍國主義的時代，不久，那個旋風也開始吹到技術員身上，但八田與一的身邊仍風平浪靜。

八田與一在這年完成福建省水利調查後，以〈福建省之管見〉爲題的論文發表在《台灣的水利》。

當時八田與一也盡力爲培育土木測量技術員而設立學校。因爲八田與一在嘉南大圳工程中，深感土木技術員，尤其測量技術員的欠缺。

他認爲今後爲開發台灣，必須盡快培養有朝氣有活力的年輕土木技術員。

這個構想得到曾任職總督府的前輩技師、了解八田與一的西村仁三郎的支持。

因爲他看見八田與一成立學校的熱忱和主旨，並非爲了自己，而是爲台灣土木界東奔西走。他贊同八田與一純眞的理想。

兩人奔走的結果，在1937年，「土木測量技術員養成所」由西村仁三郎出資，在台北市樺山町創立。

西村仁三郎擔任所長，八田與一擔任顧問，兩人在入學和畢業典禮時一定出席，並對學生演講。

此養成所雖是私立二年制，但因短期內就得學習困難的土木測量技術，只有成績好的學生才能被錄取。

顏雲霄青年是學生之一。顏姓青年專心地聽八田與一演講，畢業後留在養成所當助手，偶爾送西村所長的公文給總督府的八田與一。

「八田先生是威嚴且德高望重的人。當時我們都以他爲表率，爲早日學會技術而努力。」

現正服務於嘉南水利會的顏氏懷念起當時，如此說道。

日後養成所仍繼續發展，在台北州新莊郡路庄字三重埔(現在台北縣三重市)蓋新校舍並遷入。學生增加爲三百人，升格爲三年制的「土木測量學校」。1945年又將持續發展的學校改稱爲「土木測量學院」，後因日本戰敗而被中華民國接收。

現今這所學校遷移到台北縣瑞芳鎮，校名也改爲「台灣省立瑞芳高級工業職業學校」。建校時的精神依然被傳承，培養出不少優秀的年輕技術員。

據說，當今活躍於台灣本土界的有地位的人中，有很

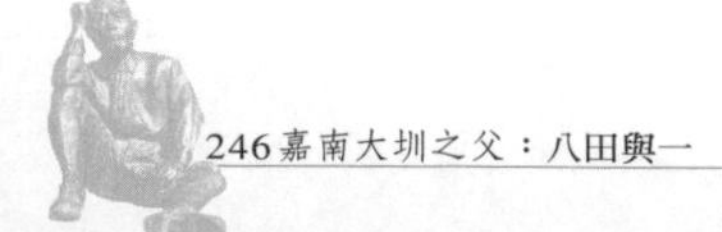

多畢業自八田與一所提議創立的這所學校。

技術員養成所設立的1937年12月，由組合開始調查珊瑚潭淤積的狀況。封閉取水口，開啓放水口，抽乾珊瑚潭。潭底全面露出泥濘，接著乾燥，出現龜裂痕跡，散立的枯樹令人感到荒涼。

撈出大量的魚。鯉、鯽、鰻、超出一公尺長的草魚，滿水時放進去的魚，在七年間大了不少。

這些魚發包的結果，以兩萬円得標，交給了業者。

在乾涸的潭底，測量調查工作在宮地技師的指導下開始執行，直到翌年才完成。結果幾年間淤積的土砂超出預料的420000立方公尺，以兩倍的速度淤積的事實終於被揭曉了。確定了七年來的蓄水量少了一成。

這個調查應證了八田與一曾說過「壽命大概是五十年」這句話。

原因有兩個。

烏山嶺隧道出口附近的河床被流進來的水削挖而變深，土砂流失後變成瀑潭的形狀。

原因之一是，在隧道出口發生土沙崩坍，以超乎想像的速度淤積。還有一個原因，許多珊瑚潭的支流淤塞，崩壞流竄的土沙後又流入潭內。

這一帶的山屬黏土質，容易被雨水浸蝕，崩坍後，土沙便流入珊瑚潭。這些山大多是不毛之地，有的地方像月球般呈現一片荒蕪的景象。

組合立即開始防止淤積的工程。在隧道出口下游兩公里處建造15公尺高的土堰堤，讓主流的水位與出口同高，以防止河床崩坍。

再者，於光禿禿的山上種竹，並在支流行經的溪谷施行擋土防沙工程，建造土堰堤防止土沙流下。

雖然這些工程花費了200多萬円，但爲了延長水庫的壽命，是有必要這麼做的。

水庫的蓄水量因土沙而逐年減少，某種程度上是難免的，但盡量緩和淤積，延長壽命的努力是必要的。

珊瑚潭完成至今已五十年以上，超過了八田與一所說的「壽命之年」。但是烏山頭水庫至今仍蓄著滿滿的水，儼然與剛完成時沒兩樣。不過，仍有土沙淤積，正如八田與一所擔心的，無從防止。現在的蓄水量已經減少爲剛完成時的三分之二的一億噸。

戰後，接管嘉南大圳的嘉南農田水利會也爲此操心，特以維持水質清淨爲最大任務，長久以來依然拒絕將烏山頭變成觀光勝地。

但是隨著時代的變遷，在保留自然之美的前提下，於1969年2月被指定爲觀光勝地。

以後觀光客逐年遽增，光是1981年就有647,000餘人。亦即每日有將近2,000人的洶湧人潮。

那個過去是原始林的烏山頭，不但有了灌溉之利，甚至變成以觀光獲利之地，這也許是八田與一始料未及的

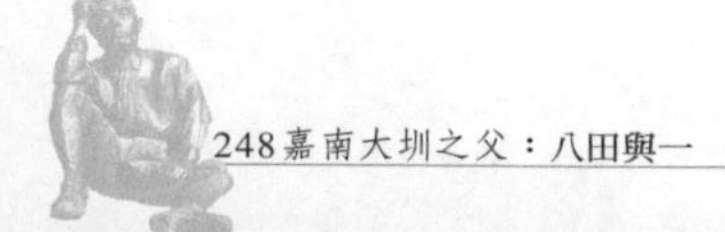

吧！

農田水利會爲了不破壞大自然、不降低蓄水力，遂進行以平衡爲觀光目標的特殊計畫。

因此不打算開放一般觀光飯店的建設，而由組合建造一間飯店，以方便觀光客投宿。所以沒有一般飯店的華麗和庸俗，有的只是點綴在湖面上無數的小島、恬美澄清的湖面，以及讓人們可以充分享用的大自然而已。

也許有朝一日，「珊瑚潭」能受到青睞，甚至淩駕日月潭的風景勝地。但不論如何，只要認識烏山頭歷史的嘉南人存在一天，它自然就不會被損毀破壞。

完成珊瑚潭淤積調查的翌年，即1939年4月，傳來了在金澤二中插班就讀的長男考取東京第一高等學校的消息。

另外，八田與一於6月被評選爲敕任官，9月授勳四等瑞寶章。

但另一方面，日軍登陸海南島，於翌年1940年開始進駐印尼北部，戰場橫跨東亞全域。

1940年11月，佔領海南島的日軍特務部委託調查海南島。八田與一以農林調查團長的身分與台北帝大教授同行，花一個月的時間調查發電事業和水利事業。

11月15日下午兩點，載著八田與一的「開南丸」從基隆出航，17日中午到達東京灣東邊的海南島。

八田與一登陸的市鎭是海南島最大的都市海口市。

島上生活是每天上午7時20分起床，7點半集合，遙拜皇居，然後跟著播音做體操，8時吃早餐，8時半出發從事調查，12點半午餐，6點回到住宿的地方。6點半吃晚餐，7點洗澡，8點整理調查研究，10點半就寢，規規矩矩如軍隊的例行工作。

調查工作首先是搭乘開南丸以東部爲中心開始進行，然後逐漸延伸到南部、西部，最後以山岳地區爲中心，積極地調查河川、土質、作物、水路、道路，和對當地農人的詢問等。

因爲海南島還未完全佔領下來，縱然有不安全的視察地，但因有持機關槍的兵隊護衛，調查團沒有被殺害之

昭和15年，八田技師受命調查海南島，與樂安黎族人合影。

虞。

當一提出「想到內地調查」的要求時，也有回以「還有游擊隊攻擊的危險，等討伐後再說」的答覆。雖然已進入警戒狀態，但調查工作並沒有受到阻礙。

八田與一一個月的滯留期間，記錄所見所聞，寄了六封信給外代樹。

這些信中詳細記錄著整整17日的事，由此便能十分了解海南島的現狀。始自調查地區的學術方面到軍隊的伙食、跟台灣比較的各村落的氣候、當地人的伙食、捕獲的魚種、農業的方法、溫泉、樹的種類、在當地投資的狀況、從山上俯看的景色、海軍及陸軍慰勞的差別、調查團健康情形等，一目瞭然。

關於蕃族，有如下的描寫：

「這邊的黎族蕃人，前面結髮，從側面看，穿著丁字褲。穿圍裙的是苗族，頭髮蓬亂。苗族是四川、廣東方面的原住民，黎族可能是從南方來的，苗族住在內地。」

還有12月1日的信寫著：

「今晨八點半出發，照常只以卡車終日高速馳騁在丘陵地。途中一面調查土質、農作物、舊式糖廍、市場、河川道路、水路、市區等，車子開到嘉積附近的萬泉大溪折返。那是一條相當於曾文溪那麼大的河流，水量又像基隆河一樣多。上個月的大洪水，水位也沒有大大增高的樣子。此地與別處相反，是一個強黏土地帶，丘陵少，又屬急流區。田裡不會自然湧出水來，像烏山頭附近的黏土質的看天田。這附近雨量調順，目前不需要灌溉、排水。如對農業方面加以改良，便稱得上是個好地方……」

如此淺顯易懂地一面和台灣比較，一面寫信給妻子。同時讓她知道自己充滿活力的工作情形。

八田與一年輕時很少寫信，赴海南島前兩三年開始常常寫信。

八田與一改變作風，逐一給每個孩子寫風景明信片。

以八田與一爲團長的調查團結束調查後，於12月21日搭乘「らぷウた丸」歸台。

調查報告書根據調查資料，以在海南島興建事業而作成計畫案，然後向軍部提出。軍部對此案大表讚嘆，且其圖譜和資料在各方面均受用。

八田與一從海南島調查回來後，開始關心南方的土木工程。

翌年1941年2月，八田與一將以〈談海南島現狀〉爲題的論文發表在《台灣的水利》雜誌上，但這論文卻成了遺稿。

不久，大甲溪電源開發計畫開工一事正式定案。因此水庫視察以日本內地、朝鮮、滿州、中國的河北、山西、

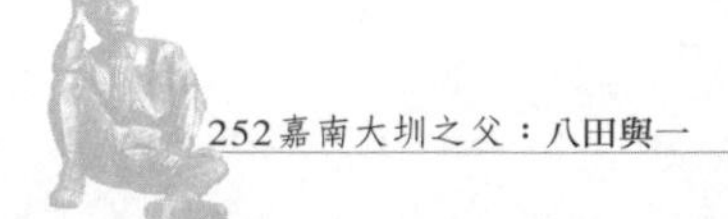

綏遠為舞台，從5月開始實施。

朝鮮與滿州境內的鴨綠江上，完成八成的水豊水庫和滿州第二松花江建設中的豊滿水庫，想必是八田與一肯定有興趣參觀的水庫。

水豊水庫於1937年開工，1943年完成。蓄水量五十五億噸，發電量七十萬千瓦，八田與一於8月造訪時已開始供電。

比水豊水庫更大的豊滿水庫，同樣於1937年11月開工。

根據計畫，最大蓄水量有一百二十五億噸那麼多，混凝土造重力式堰堤長1,110公尺、高91公尺，完成後的人造湖名為松花湖。大約與琵琶湖一樣大，足以媲美美國當時建

以前的嘉南大圳水利組合本部，今嘉南農田水利會。

設中的世界第一大的大縱谷水壩(Grand Coulee Dam)。

在冬天氣溫達零下40度的寒地，正在施工的是二次世界大戰中的困難工程。它由本間德雄建設局長、空閑德平水庫建設處長、內田弘四土木科長等最高技術者，以及町田元水庫建設處電氣科長、中岡二郎堰堤主任、石川五郎發電所主任，如此多的日本技術者的指導和努力，於1945年大致完成，因日本戰敗，由中國接收。

這個水庫完成後，與九州約略相等面積的土地可避免洪水之患，並藉由灌溉，可增加收穫量、確保飲用水，且工業水亦不會匱乏。而且由於有七十萬千瓦的供電量，今天對滿州的近代化還有所貢獻，可是很少日本人知道此事。

八田與一完成烏山頭水庫後的第七年，這個巨大的水庫才開工。

日本土木技術的進步是驚人的。

八田與一完成這些水庫的視察後，於9月回到日本，是隔了好長的一段時間之後，才再度成爲故鄉金澤的人。雖然八田與一仍依戀故鄉的生活，但卻是他最後一次歸鄉。

「嘉南大圳」組合於1931年將本部從嘉義移到台南，在台南州廳內繼續工作，因地方不敷使用，又於1941年在台南警察署旁邊的轉角處蓋三層樓白色的加強磚造建築，並遷入。一、二樓爲辦公室，三樓爲會議室，是佔地660坪的堅固且便利的建築，在當時是一棟相當耀眼的建築物。

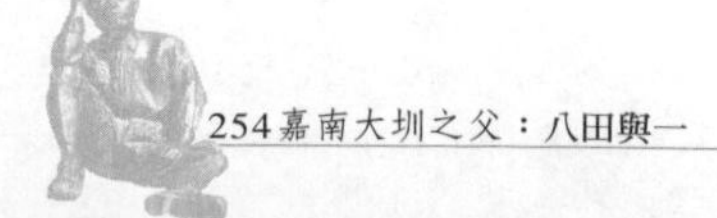

這座建築倖免於空襲波及，戰後被嘉南農田水利會接收，沿用迄今。

八田與一若得空閒就埋首於種花。

八田與一喜歡多朵小菊花勝於一朵大菊花。

喜歡小葉多花的種類，喜歡把紅、黃色的劍蘭、孤挺花、大理花種在路邊。八田與一的庭園簡直就是一片花海，附近的小孩叫它爲「花的家」。家門前也開滿大波斯菊，「在庭園外種花，從家裡看不見。」孩子這麼說時，八田與一笑著回答。「有人看就好，種花就是這麼回事。」

八田與一喜歡在休息時間喝咖啡。他用絞肉機把從海南島咖啡園買回來的咖啡絞碎，再煮著喝，其香味令人垂涎三尺。

1941年12月8日，天未明，日本海軍偷襲珍珠港，太平洋戰爭因而爆發。

台灣地處南方進出據點，是個重要的島嶼。

零式艦上的戰鬥機自岡山機場朝菲律賓起飛，運輸船載著許多軍隊從高雄出港。

軍靴聲響遍台灣，戰線逐漸擴大，東南亞各地皆成爲戰場。

全日本正陶醉在勝利的氣氛中，1942年3月，陸軍省透過總督府，請八田與一以「南方開發派遣要員」赴菲律賓從事棉作灌溉計畫調查。

日本政府和軍部爲準備長期作戰而著眼於南方資源，

開始認眞考慮南方經濟開發。

而且將其經營交給活躍於海外的民間企業，經陸軍省、海軍省、拓務省、商工省、農林省等的商量結果，決定選出各界專家組成「南方開發派遣要員」，並以軍屬身分派遣。太平洋戰爭亦是資源戰爭。對日本來說，如何獲得南方資源是掌握勝利和長期備戰最重要的課題。

以當時的拓務省、商工省、農林省、外務省和之後的大東亞省做爲中心主持人選的工作，拓務省、商工省做爲聯絡單位。「南方開發派遣要員」的條件比較嚴格，這是因爲第一次派遣的關係。以「從上任當天開始就能在當地生活，有從事產業活動的語言能力，和擁有專門知識者」爲標準。因此，從日本各地最上乘的技術者和專家中選出。

八田與一是由軍部推選出來的有能力的技師，爲從事菲律賓棉作灌漑計畫，正準備渡過巴士海峽。

八田與一立刻開始挑選同行的技師，結果選中了三位部下。

湯本政夫，四十二歲，總督府派在台中州服務的地方技師，從烏山頭時代就是八田與一最信賴的部下之一。

宮地末彥，三十五歲，總督府內務局土木課技師，自烏山頭之後就是八田與一的助手，是深得信任的後輩。

市川松太郎，三十三歲，總督府土木課技手，專門從事河川流量調查，棉作灌漑計畫提案時，絕不能少了他。

八田與一打算於4月中由基隆出發，乃通知他們爲調查

做準備。但是因不知當地情形，因此準備在東京找尋資料。

與八田技師同行的市川松太郎技師(左)
及湯本政夫技師(右)

八田與一從海南島的調查經驗認爲，可能花二個月就可完成調查，所以不作太多的準備。

好像是去鄰島調查之後就回來，如此輕鬆的想法。孩子們也認爲「爸爸又要帶土產回來了」這般高興地等候著。

其實，八田與一每次出差，一定買稀奇的土產給每一個孩子。

到海南島買的是羽毛做的帽子；去舊滿州時帶俄國巧克力回來。從菲律賓回來時，到底會買什麼呢？孩子們在期待著。

直到出發前，八田與一都過著忙碌的日子。

因爲次女將於3月結婚。

綾子舉行結婚典禮前，晃夫來信告知已考入東京帝大工學部的消息。

「雙喜臨門，是個好預兆。八田的八字越老運越好，菲律賓之行應該沒問題。」

如此歡鬧著。

盛大的結婚典禮在台北舉行。八田與一看到次女美麗的模樣，不禁感動了。這是第二次嫁女兒，長女正子於四年前結婚，現住在東京。

隔了好久，夫妻倆才又拍合照，這也是隔了好久才著官服照相，而這竟成了夫妻倆最後一次合照。結婚典禮的感動還未消退，4月11日，八田與一便出差到嘉義。嘉義市土木技師山根長次郎邀請他參觀建造中的堰堤。

視察後，他告訴山根，因受軍令赴菲，暫時不能相見。

山根技師擔心說：

「菲律賓才剛佔領沒多久，而且調查地點可能比較偏僻，會有遇到敗將殘兵的危險性嗎？」

八田與一說：

「你這麼說就不對了，當多數青年爲國家犧牲性命時，像我們這樣的老人，如果能夠爲國家出一點力，那可眞是萬幸了。」

一派教訓似地回答山根。山根技師連稱說是，覺得八田與一已對菲律賓之行抱著崇高的決意。

14日，在嘉義火車站與山根技師惜別，返回台北。

回到台北，八田與一偶遇白木原、長野兩位技師。一道午餐吃壽司。

「壽司？也許這是最後一次吃壽司吧！」

聽到八田與一小聲這麼說時，白木原技師覺得不吉

利，於是回答：

「東京也有壽司呀！」

想不到這竟是和八田與一最後的午餐。

1942年4月18日，八田與一和三位部下在台北火車站和前來送行的人告別，向基隆港出發。

低氣壓經台灣海峽北上，海上有颱風的徵兆。

四人告別了台灣，搭上船，竟成了遊弋在海浪翻滾的東海的未歸人。只有海風發出的可怕聲音。

1942年4月8日，八田夫婦於台北幸町官舍的最後寫眞。

【第十五章】

「大洋丸」慘案

1942年4月21日上午10時，八田與一一行四人抵達神戶港。

因買不到特別快車「燕」號車票，只得搭乘下午9時發的夜車，於翌22日早上抵達東京。

東京市於18日受到DouLittle隊空襲，但看起來仍很平靜，感覺不到緊張的氣息。

上午在內幸町的台灣總督府東京出張所報到後，拜訪佐藤賢了軍務局長。佐藤局長比八田與一年輕十歲，在今町，這兩位被號稱是最出人頭地的人。

兩個人談起戰爭的發展，又聊到故鄉今町，以及小時候值得回憶的事。

八田家後面有個八幡神社，至今還保存著八田與一、八田四郎次和佐藤賢了三個人所捐獻的兩座燈籠。

下午赴陸軍省、拓務省辦完手續，接著在東亞經濟調查局蒐集有關菲律賓的資料，但沒能找到完整的資料。

當天晚上，因快接近靖國神社的臨時大祭典，所以原先準備投宿的第一大飯店以及其他大飯店都客滿，遂不得不寄宿在堂弟中山勝次郎家。

第二天23日再訪陸軍省聽取棉作灌溉的說明。

八田與一問道：

「我需要當地現今的地圖，沒有地圖，就不能事先擬訂調查計畫。還有，我們可能以陸軍顧問的身分赴菲，爲何還未領到聘書呢？」

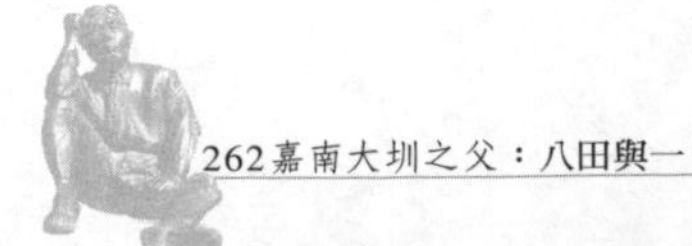

對方答：

「因爲你是敕任官，手續上比較費時，如果來不及的話，則必需以現地顧問的身分前往。地圖因屬作戰上的機密文件，要拿到任用證書後才能給你。請等待特別命令吧！」

出發的時間仍不知道，也成不了陸軍直屬的顧問，這讓八田與一感到氣憤。不過因「要等待特別命令」，除了遵命之外別無他法。但八田與一仍寄給佐藤軍務局長一封信，批評事務處理速度緩慢。

利用等待特別命令的那一個禮拜時間，翌日，八田與一前去探望因生第二胎而住院的長女正子。

他看到可愛的孫子，信裏這麼告訴妻子：

「正子的嬰兒眞是個寶寶。立君一直叫著寶寶、寶寶。已經不再叫媽媽，在前面的小路騎雙輪車玩。要嬰兒唸童話書，卻又不聽。」

25日跟三個部下一起視察東京自來水水源地的小河內水庫工程，目的是爲了參觀工程用的Cable Crane。

途中遇到東京帝大土木系田中教授和三十多名學生。

田中教授對八田與一說：「請您明天來課堂給學生們講話好不好？」如此拜託著已經是水壩權威的八田與一。

慨允的八田與一於翌日造訪了好久未回的母校，對學生演講的講題是「將來在東亞共榮圈應該興建的土木工程」。

演講的內容以開發電源爲主。

「日本、台灣的電成本均偏高，不合算。大概就屬蘇門答臘的多巴(Toba)湖的電最便宜吧。這是因爲日本內地的電源只利用水的落差，滿州也是一樣。這些落差和水量都十分不足，必須將大量的水提高到相當的高度後，再落下來發電。多巴湖則是本身就有足夠落差的天然湖，而且水量也豐富，再也找不到比這更便宜的電源了。將來如果要在南洋圈興起工業，蘇門答臘最合適了。」

八田與一如此斷言。關於黃河發電計畫的講述也很熱烈。

演講完畢的八田與一在歸途中順便到了鼓店，想買個大鼓寄回台灣。八田與一從前就動過做大鼓的念頭，由技術協會獻給台灣神社，本想在台灣尋找木料，但因尺寸過大，找不到合適的。

由於東京的鼓商通知八田與一有超過五尺的大鼓，所以想去看一下。

八田與一訂購一個大鼓，吩咐鼓商將它寄到台灣。

晚上，在千葉的東京帝大第二工學部就讀的晃夫從向島來訪，兩人一起用餐，並交給他240円的生活費。許久未見面的兒子，也許是因爲參加划船社的緣故，已長成強壯的年輕人。此次會餐成了父子倆最後的晚餐。

5月1日，特別命令下來了。

八田與一被任命爲陸軍第十六軍囑託，隸屬菲律賓軍軍政部。5月5日出發，上午9時於宇品集合，同時領到現今

的當地地圖。

5月3日，由東京出發前，八田與一分別寄照片明信片給在台的泰雄、浩子、嘉子、玲子、成子，又寫信給外代樹。寫給次子泰雄的是：

「認眞預習、複習功課。日本現在正是非常時期，應盡學生的本分。」

對十歲的么女寫道：

「今天從東京出發前往菲律賓，你要用功讀書喔。姊姊生的寶寶好可愛。」

最後並寫上「父親寄」。

八田與一在帝國大飯店和正子的先生深尾立雄、以及他到東京後一直照顧他的中山勝次郎及其次子共進晚餐，和部下三人搭乘晚上8時40分開往下關的快車，離開了東京。

第二天4日下午2時，在廣島下車。在拓務省出張所辦完手續後，直接到了宇品港，以5800円買了四張到馬尼拉的船票。

八田與一一行人爲了在安藝的宮島度過在日本最後的一夜，投宿在楓葉谷的「嚴島岩惣旅館」。四人一起在旅館內用晚餐，互相祈禱旅途順風並暢談一番。

晚上12點，八田與一寫了一封信，是離台後的第四封。過去三封都寫外代樹收，署名八田與一寄，但是不知爲什麼這次寫著「給所有家人・父寄」。

這封信變成八田與一的絕筆信。

翌日5月5日是端午節。八田與一等人於6點半離開旅館，途中順便到嚴島神社參拜。

集合時間爲上午9時，集合地點是宇品港陸軍馬場。這一天是個大晴天。

到達宇品時，已有名爲南方經濟先遣隊派遣團的人聚集談笑。

這支派遣團大致分爲生產部門：拓展團、集貨部門：商工團。更由地域區分爲菲律賓班、馬來班、婆羅洲班、爪哇班、蘇門答臘班、緬甸班、其他班，並各有附屬的拓展團、商工團。

拓展團有砂糖、紅茶、紙漿等生產專家，商工團也同樣地從集貨物品細分砂糖、木材、椰子乾核(肉乾)，各有委派的專家。

拓展團和商工團的成員穿國民服，戴著標有「拓」或「商」的白底紅字腕章，一看就可辨識其所屬單位。

因八田與一等人是軍方所囑託的，所以戴黑底標有「軍」字的腕章。不少人腰間佩帶日本刀。

馬場立著馬來、緬甸、爪哇、菲律賓、蘇門答臘、婆羅洲等木牌，八田與一等人朝寫著菲律賓的木牌走去。

途中遇到總督府鐵道部小山三郎技師，談及他要前往婆羅洲。當時的天氣很好，紅著臉談話時，排隊的信號響起，1300餘人靜靜地排著隊。

運輸指揮官近藤久幸中校站著說：

「大東亞戰爭即將爆發，身負這項任務的我們必須克服不少困難向前邁進。本船因有11,000餘噸，航行中容易成爲敵國潛水艦的目標……」

致詞後仍不斷提醒大家，但對陶醉在日本軍戰勝中的人而言，只覺得「怎麼可能」，沒人當作一回事。

三十餘年船齡的大洋丸輪船停泊在近海上。

這艘船是第一次世界大戰時從德國接收而來的賠償品，曾名爲「Kap Finister」號的客船。

總重14,457噸，全長180公尺，航行時速16.5海哩，是戰前日本大型客船之一，屬於日本郵船會社。

中午時，全員移往碼頭。下午1點多，軍用艀船運送二百多位人員進入大船後，小型汽船開始將它牽引到海上大洋丸。

民間人士1010名、軍人34名，再加上300多名船員，總共1350餘人，一個接一個登上大洋丸。

八田與一等人也和其他1010名「南洋經濟建設要員」一同搭乘艀船赴海上，但由於不能和下士階級的市川技手同室，所以只有和士官待遇的三個人同室。他與市川技手約定到菲律賓後再相會，便分手了。

一上船就看見甲板上的木造僞砲的八田與一嚇了一跳說：

「陸軍用這東西，到底想做什麼呢？」

載著1010名專門技術員的大洋丸於5日下午7點半駛出宇品港，經瀨戶內海航向下關。

翌日6日上午8點，大洋丸到達下關，趁著補給炭水的時間，允許最後一次寫信。

八田與一並沒有寫信，他和宮地、湯本技師登上甲板。甲板上正在拆除僞砲，之後再裝上帶輪的野砲。

「載這麼多野砲在船上也是沒用的。陸軍到底在想什麼，這根本就徒勞無益。」

正當如此說時，市川技手也上來了。互相告知船室號碼，約好再相會後各自散去，想不到此時的離別竟是永別。

這也難怪，因爲1942年5月6日，大平洋戰爭只不過開始五個月而已，正是日軍以破竹之勢進攻之時，日本近海出現敵艦是難以置信的。

全體人員只期望早一天到達目的地。

大家認爲攻陷菲律賓的科勒吉多爾島要塞和巴丹半島是早晚的事。

事實上，就在那一天，美軍的最後據點科勒吉多爾島要塞終於淪陷。麥克阿瑟將軍已逃至澳洲，在那裏演說著有名的「我將回來」(I shall return)。

大洋丸於下午4點出港，5點停泊在六連島近海。

翌日7日上午8點半，在護衛船北京丸召開船隊會議。海軍一心想集中艦隊決戰，所以對船隊護衛之事不太關心。

海上護衛隊的必要性是大家所公認的，首先是編成第一、第二護衛隊，而這僅是一個月前的事。

北京丸屬於第一海上護衛隊。

由大洋丸和四艘五、六千噸級的貨物船御影丸、多弗丸、隆西丸、吉野丸組成一〇九船隊。船隊會議中最大的難題是如何統一船隊的速度。速度越快就越快到達目的地，危險也越少。但是御影丸的最高時速只有9.5海哩。

大洋丸的原田船長主張：「如果降低速度，不但整備引擎有困難，而且被敵國潛水艦襲擊的危險性也高。」因而強烈要求排除御影丸。

御影丸屬於海軍，所以原田船長的主張沒被採納，船隊的速度決定爲9.5海哩。由於危險性增高，因此決定2288噸的北京丸由六連島護衛船隊到台灣澎湖島的馬公。

7日中午，船隊起錨，以北京丸爲首，大洋丸、御影丸、多弗丸、隆西丸、吉野丸依續排成一排出港。

那天是低氣壓，北風強，波浪也高。

決定由佐世保要港部的驅逐艦峰風和特設砲艦的富津丸航行在船隊的兩側進行護衛。

5月8日，氣壓稍微昇高，風浪仍又強又高。不過，5月的天空飄浮著美麗的白雲。

下午2點開始避難訓練，分成救生艇組和筏子組。大洋丸兩舷一共載了十九艘救生艇，每艘平均可容納49人，因此緊急狀況時，有將近400人無法容納，所以決定把二十九歲以下的人編入筏子組。

救生艇大概平均分配給每個船室。

以銅鑼爲信號開始穿救生衣，然後爬上甲板，在指定的救生艇前排成四列橫隊，接著卸下救生艇，但那天點完名後就結束了，並沒有做卸下救生艇的訓練。這是使得後來犧牲人數升高的原因。

下午5點，護衛的峰風和富津丸開始返回佐世保。

下午6點半，在一等餐廳舉行攻佔科勒吉多爾島要塞的慶功宴。

藉酒助興，大洋丸陶醉在一片歡喜中。

但是當時卻沒有任何人發覺到有一個潛水望遠鏡正監視著大洋丸。

下午6點50多分，潛航在五島列島的美國潛水艦格倫迪亞號發現一〇九船隊，並認出了大洋丸。

格倫迪亞號是派遣到太平洋的56艘潛水艦的其中之一，於4月12日爲第二次作戰行動而由夏威夷珍珠灣出航，開往長崎，在東中國海潛航，搜尋日本的船艦。

格倫迪亞號艦長W. A.倫特中校下令由1300公尺的近距離向大洋丸發射四枚魚雷。

下午7點32分11秒，最後一枚魚雷從潛水艦發射出去，負責廣播的人報告：

「全部的魚雷正常前進。」

7點33分8秒，聽到頭一聲爆炸聲。

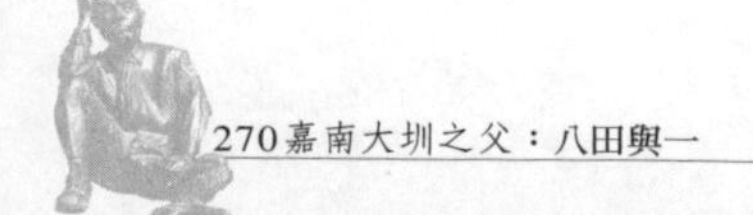

「命中！」

那時候大洋丸正在舉行慶祝會，爲將要直接進入馬尼拉灣而狂歡。

船上彷彿載滿了乘客，連甲板上都鋪滿草蓆，供人睡覺。只有年長者能夠參加在餐廳舉行慶祝會，其他年輕人只好各領二、三瓶啤酒，各自在臥處歡飲。

八田與一等三人因爲是士官，所以受邀參加一等餐廳裏的慶功宴。酒杯斟滿了日本酒，大家正熱鬧地暢談著。八田與一因不太會喝酒而提早用完餐，遂拿出喜好的菸點了火。

就在此時，右舷船尾被魚雷擊中。像遭雷擊似的巨響和震動襲擊著大洋丸。

「大家冷靜！船沒那麼快就沉沒。」

近藤中校大聲喊道，旋即就被騷動聲淹沒了。

八田與一等人一聽到爆裂聲就立刻向船室跑。

三個人都直覺大洋丸會沉沒，但仍保持冷靜。馬上穿上雨衣，拿著救生衣，宮地在前頭，八田與一、湯本技師隨後，將八田與一夾在中間，跑出船室。

撥開下來的人群，擠上樓梯。簡直就像戰場。

爬上樓梯時，第二發魚雷命中船中央後爆裂。因離得近，好像同時遭到三、四個雷擊似的巨響、大震動將三個人的身體彈倒在地板上。

火引燃了船上的碳化鈣而發生爆炸，紅紅的火燄在後面昇起。

正當他們三人爲了奔向救生艇所在的甲板而再度爬上樓梯時，一群人一聽到：「有艦砲射擊，危險！」便猶如雪崩般爭先恐後地由甲板入口退湧出來。

群人把碳化鈣燃燒的火燄誤爲是艦砲射擊。

宮地技師爲了避免被那一群人淹沒，立即閃到門邊。

等人群通過後，他向後看，已不見八田與一和湯本技師的人影。附近也找不到他們二人。

八田與一的行蹤就在這裏消失了。

大洋丸已經中了三發魚雷，裹著熊熊的火燄，開始傾斜。

宮地技師穿上救生衣，從漸漸恢復平靜的出入口踏上放救生艇的甲板。

到達分配的救生艇時，船員正開始降下已爭先乘滿的救生艇。

跑到艇邊時，有人喊著「趕快上艇」。

踏進救生艇，正要坐在艇頭時，後部的繩索突然斷了，全部的人七零八落摔落到海裏。

宮地技師落海時，帽子先飛掉了，接著眼鏡也掉了。

湛藍的海水不斷地迫近，不一會便沉入海中。他在海裏拚命掙扎。

好不容易浮上海面，向周圍一看，已不見其餘四十人的蹤影了。

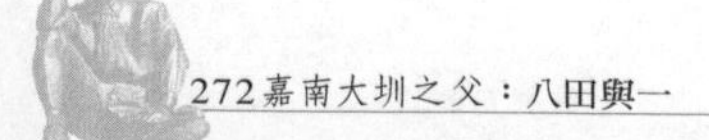

再轉眼一看，只見繼續放下的救生艇順利地降下，正開始划離。

宮地身上仍穿著衣鞋，拚命游向救生艇。

如果游得順利的話，二、三十分鐘後就能夠趕上救生艇了。

天色已暗，大洋丸被紅紅的火燄燒得冒出濃濃的黑煙。電燈還像不夜城般亮晶晶地點著，船身仍半浮半沉。

他雖然抓住了艇邊，卻被命令「候等」，誰也不拉他上船。他只好自己爬上去，除此之外，別無他法。

因此，宮地技師沿著舷側的安全繩找到固定安全繩的地方，雙手握住它，想引身爬上去，但因身體流到船底下，怎麼也爬不上去。

所以將兩腳鉤住繩子，用力掙扎，但還是不行。

在無計可施之下，只得暫時休息一下。每次大浪襲來時，身體就會感覺往上浮，因此想藉著波浪的浮力再試一次。

過沒多久，往後一看，一個大浪就要過來了。機會來了，宮地技師藉浪使力往上一跳，好不容易胸部能懸在舷側上，接著更是拚了命地將身體滑到救生艇座位底下。將游泳時撕破剩下的救生衣碎片墊在屁股下，再把脫下的雨衣蓋在頭上避風，雖然已濡濕，但仍然感覺漸漸暖和起來。

濺入艇內的海水泡沫，被夜光蟲照得發出淡青色的光。此一奇景深烙在腦海中，一輩子也忘不了。他雖已得救，但喜悅之餘，開始擔心起八田、湯本技師。

不知道在下關分手的市川技手的情況如何，祈望他能平安。

就在那時候，光亮的大洋丸上的燈突然滅了。只剩下被魚雷擊中和因大火而即將沉沒的巨大鐵塊。頭頂突然傳來國歌「君之代」。這是留在大洋丸上的人員的歌聲，已經覺悟到死亡之人的歌聲，靜靜地迴盪在許多人作生死掙扎的波濤洶湧的海面上。

突然間，大洋丸高高地垂直豎起，接著便沉入黑暗的海中，消失了。

時間是下午8點40多分，位於男女群島西南西五英哩處。

載著將近五十人的救生艇，像樹葉般在東中國海的黑潮中漂流。

整夜只聽到艇長叫著「用力划槳」的聲音。

受到那個聲音的鼓勵，宮地技師心想：「假使翻船，可就要抓著船跟著漂流。」祈望有人來救助。

過了漫長的一夜，天終於開始亮了。

9日早晨，東邊的天空像剝掉一層層霧靄似地亮起來，海變成一片令人無法置信的寧靜。逐漸看見水平線上往來的艦船，是驅逐艦「峰風」，也看見了特設砲艦富津丸的雄姿。這兩艘護衛艦於下午九點多在返回佐世保的途中接到

「大洋丸遇難」的消息，馬上回航，大約下午11點半趕到現場。

這兩艘護衛艦雖然已辨識出救生艇，但仍先救起在海上單獨漂流的和筏子組的人。

富津丸前來救援宮地技師所搭乘的救生艇，大約是上午10點。

放下繩梯後，有人爲了搶先爬上繩梯卻踩了空，像落石一般跌到海裏，不幸被海水沖走。

宮地技師一腳插進去後，水兵拋下繩圈將他拉上去。

他在甲板上領到一杯威士忌酒。

一口氣喝下，感覺到琥珀色的液體浸潤著五臟六腑。

「得救了，得救了！」

一杯威士忌的味道讓他有了活著的感覺。

這杯威士忌的味道，讓他永生難忘地充滿感激。

宮地技師如此經歷了九死一生。

峰風和富津丸於5月10日駛入九州長崎港。

被救起的大洋丸上的人都聚集在長崎港，被安排到各旅館住宿，負傷者被安頓在陸軍醫院。

翌11日，被安頓在旅館的人齊聚一堂，正式被告知有關大洋丸沉沒的事，但一律不准用電話、電報等通知公司或家人。

被救起的有543人。

死亡817人。

死者的遺體大部分約在一個禮拜內被找到，其中有不少被快速的對島海流流走，近者在五島、下關、長崎；遠者，也有不少是流到對馬、濟州島、隱岐島、能登半島才被發現。

但是，大部分的人與大洋丸一起沉沒，葬身於400公尺深的海底。

這是南方派遣團第一次組團，對日本而言，眞是一大損失。

當時有「爲此，南方經濟開發得慢個兩年」的說法。

那麼多的優秀技術員和專家，從日本國中被選出來，他們的死是國家重大的損失。

爲了掩蓋這個損失和擊沉的事實，軍部以機密爲由，命令得救者和相關人等「不准說出搭船、救援的事件始末」。爲了處理這個秘密，一般民間人士的犧牲者，舉行聯合追悼會。爲了保密，幾乎沒有人知道。

約一個月後，生還者在不准談論此事的情況下，再度向南方出發。

根據美軍的記錄，對大洋丸發射魚雷的格倫迪亞號於翌年1943年4月21日，在巽他群島海域作戰中遭日本海軍轟炸，不能航行，全體艦員被虜，囚在檳榔嶼俘虜收容所，一直到戰爭結束爲止。

宮地技師到了長崎後，用一個禮拜的時間在出島的碼頭找遍漂流的遺體。

但始終未能找到八田技師、湯本技師和市川技手的遺體。

不知所措的宮地技師告訴陸軍負責人，希望他將三人不知去向之事通知總督府。軍方則回覆，總督府方面由軍方聯絡，不可擅自行事。整頓服飾之後，回去待命，並支付他50円。

他只好回東京，造訪總督府出張所，說明事情原委。他因胸部受傷，必需靜養而回到金澤。

也許大洋丸遇難的報告立刻由軍方聯絡總督府東京出張所，並電告台灣總督府。

另外，嫁到東京的正子是第一位被告知大洋丸遇難惡耗的八田家人。這是12日的事了。正子聯絡弟弟晃夫。晃夫立刻趕赴台灣總督府東京出張所詢問，得到的回答是：「遇難是事實，獲救者的名字已知道，但其中並沒有八田技師。」

14日的報紙報導：

「5月8日，〇〇〇於東中國海遇難，艦長和運輸指揮官與船艦共存亡，全員恭唱國歌，朗朗的歌聲響徹浪間……」

晃夫一看便知圓圈所代表的正是大洋丸。

父親罹難是事實了。

17日，八田與一、湯本和市川三個人的死亡報告正式出爐。

台灣總督府立刻決定派遣白木原技師前往東京。

但是一直沒有接到發現遺體的消息。

一個多月後的6月10日，山口縣萩市役所通知東京出張所發現遺體的消息。

在萩市經營旅館的第二睦丸的船主(船長安藤晃)在撈魚作業中撈到了遺體，遂將它運回萩市。

大概是因爲在海裏漂流一個多月吧，頭、手等外露部分均已呈白骨，所以無法辨別長相。但是衣服仍然完整，藏在內袋的錢包和名片夾都原封不動，因此由名片得知是台灣總督府八田技師。

「嘉南大圳之父」八田與一已在東中國海結束他五十六歲的生涯。

翌11日，市川技手的遺體在濟州島被發現。

湯本技師的遺體不知是否跟大洋丸一起沉沒，始終沒有找到。

一接到「發現八田技師遺體」的消息，晃夫和已經來到東京處理善後的白木原技師一起趕到萩市。

和被臨時安厝在海岸邊的父親有了一個悲傷的會面。

在那裏已經沒有一個月前送行時活生生的父親的身影，躺著的只是慘不忍睹的遺體而已。

雖然只剩下骨頭，但一看到頭蓋骨就認出是父親，更加添了悲慟。

萩市火葬的骨灰裝進白木盒，於6月21日由白木原技師帶回台灣。將青春奉獻給台灣、愛台灣的八田與一，再度回到台灣。

極度的哀痛襲擊著台灣的人們，尤其是嘉南地區的民眾。比誰都盼望丈夫平安回來的外代樹，和等待父親帶土產回來的子女，看到如此面目全非的情景，都痛哭了。

帶著悲痛和失去英才而士氣消沉的總督府，感念八田與一有生之年的功勞，特升等二級，並追贈正四位勳三等。

7月初，在台北東本願寺別院，由八田家舉行盛大葬禮。7月16日，由台灣總督府於總督府爲他舉行葬禮，總督和內務局的友人、部下等多人均參加此一告別式。

另外，八田與一是受第16軍所囑託，屬於戰死，多數陸軍軍官亦列席。

葬禮不只如此而已，嘉南平原的民眾要求能與恩人八田與一惜別，因此於7月下旬，在烏山頭銅像前，由嘉南大圳組合爲他舉行一個肅穆的葬禮，有許多農民前來參加。

從此，八田與一在第二故鄉台灣長眠了。

從大洋丸慘案中生還的宮地技師，在故鄉恢復健康後，於8月回到總督府。

1943年2月，宮地技師爲實現八田與一未完成的計畫，和荒木安宅、芝田三男技師赴菲律賓。但是，當時的菲律賓別說棉作，就連糧食都不足，因此根本不能施工。

他於日軍敗象顯露的1944年3月回到台灣，再以技師的身分活躍於土木課水利股。戰後被留任在台灣，看守八田技師所築造的嘉南大圳。

大洋丸慘案深埋在生還者和相關人士的內心，但被社會淡忘了。沒想到在偶然的機會裏，大洋丸的生還者隔了三十六年又再相會。

當時二十五歲的佐藤裕弘於大洋丸慘案九死一生的一個月後，再度前往馬來西亞的檳榔嶼，直到戰爭結束。他於戰後仍繼續由海外將磷石輸入日本。

這當中的一年，佐藤氏得知亞洲開發銀行總裁渡邊武在號召中老年退休者，藉重他們的知識、經驗、技術，幫助開發中的國家發展經濟。他立即加入組織的籌備工作，擔任「日本銀髮志工」的事務局次長。

在那裏結識關谷博、加納照雄，於交談中得知他們也是大洋丸的乘客。

進一步得知關谷博有著記述遇難前後的日記。

由此，以佐藤、關谷博爲首，計畫呼籲大洋丸生還者和遺族保存有關當時情形的記錄。

1978年7月，《朝日新聞》東京版刊載有關大洋丸的報導，標題爲「睽違三十六年才開始蒐集被擊沉的大洋丸的記錄」。6月8日，於東京大手町的經團連會館召開第一次的「昭和十七・五・八大洋丸會」。

參加者包括二十一都道府縣的75人，佐藤裕弘被選爲發

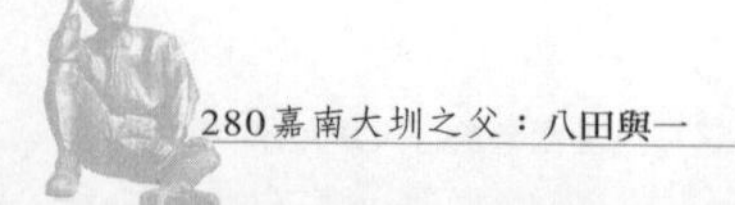

起人。

據佐藤裕弘的調查，大洋丸遇難的生還者現今仍健在的只有13人。

佐藤裕弘對訪問的記者說：

「被救登陸長崎港之後，安置在旅館。因當時這件事極爲機密，有關乘客名冊等至今不明之處頗多。若能透過生還者和遺族遇難者生前的情形，而後蒐集資料作成記錄，那些爲開發南方而犧牲的前輩和同事，若地下有知，一定會很高興的。」

無念の霊魂やっと安息
撃沈の大洋丸
「軍圧」で漂った40年
来月 遺族ら初の慰霊祭
民間船の受難

悼念八田與一的相關報導

爾後，編成「大洋丸關係者名簿」，電視和報紙也屢次提起，在長崎市本蓮寺立「南方產業建設殉職者之碑」，終能公諸於世。

此碑是事件發生的翌(1943)年5月8日，在犧牲者所安葬的本蓮寺悄悄舉行追悼會時所建立的。但是幾乎沒有人被邀請參加，因此至今還不知道有慰靈碑之事。

此石碑側面刻有碑文：

「大東亞戰爭勃發，隨之佔領地域擴大，同時南方經濟建設業務亟屬急切，因此各關係官廳以及負責開發企業會社和產業乃選拔開發戰士，踴躍搭上大洋丸，共赴壯途。

然而可惜，於昭和十七年五月八日，在東支那海不幸遭遇敵潛侵犯，乃至一部分人員遭受與本船共存亡之運命。

但渠等殉國之壯圖，國民齊感敬仰，其崇高之犧牲，長使前輩後代愈形感憤奮起。

陸軍當局為此，特立本碑，以茲紀念其生前行績，並慰殉國之英靈。

昭和十七年五月八日　陸軍省」

協議每年開一次「大洋丸會」，於立石碑的長崎市作法事，進行籌備，此事報紙也做了報導。

1982年5月8日，於長崎市築後町本蓮寺本堂開「大洋丸遇難殉職者四十周年追悼會」。

對參加者而言，幾乎全是事隔40年才第一次參加追悼會。參加者來自27個都道府縣，共121人。出席的生還者只有16人。四十年的歲月實在太長了。

像大洋丸事件一樣的慘案，在別處也發生了。

1943年3月，聯絡船「高千穗丸」在基隆港口外遭受美軍魚雷攻擊，連同一千數百人一起沉沒。

敗勢明顯的1944年8月，「對馬丸」從沖繩島向本土運輸疏散的學童，於途中在鹿兒島縣的海上沉沒，共1425人罹難。

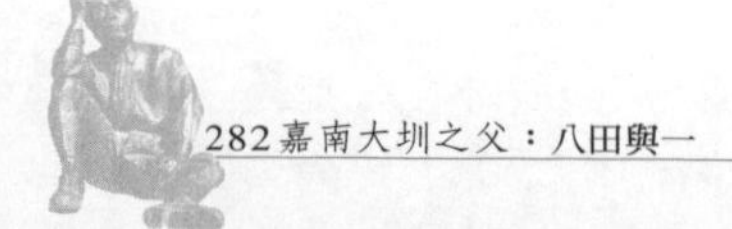

1945年4月，「阿波丸」在台灣海峽被美國潛水艇擊沉，死亡2044人。

戰爭結束後的1945年8月，從庫頁島運送返國人士的「泰東丸」、「小笠原丸」在北海道留萠海上被擊沉，死亡1708人。

眞希望不要再發生這樣慘烈的戰爭了。

我想，生存在和平的日本的我們，應該正視戰爭的殘酷，也有權利和義務，教導生活在二十一世紀的孩子們了解戰爭的悲慘和愚蠢。

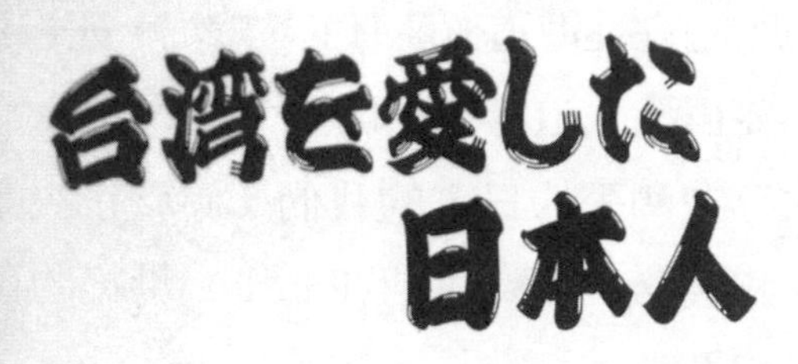
台湾を愛した
日本人

不毛の大地に東洋一のダムと水路を造り
台湾最大の穀倉地帯に変えた土木技師
八田與一の生涯
台湾を愛した日本人
古川勝三著
青葉図

本書日文版書影

【第十六章】

外代樹之死

大洋丸被擊沉的翌日是禮拜天，在台灣的八田家正忙著大掃除。

家門前八田與一所種的花全都盛開了。

大掃除完，來幫忙的部下回去後，收到八田與一寄來的一封信和給孩子們的幾張明信片。

蓋著5月3日郵戳的信，起頭寫著：

「今天是在東京所碰到的第二個下雨天，此外都是又熱又好的天氣。」

接著寫道：

「晃夫清晨上學，一放學就練習划船，直到7點才能外出，因此無法與他共進晚餐。告訴他今晚要出發，要他下午6點來帝國大飯店，但他說不能來。今日正子亦因要照顧嬰兒而不能來，只有立雄可能會來。在大飯店用完晚餐後，搭下午8點40分的夜快車前往廣島。5日上午9點要在宇品的運輸部集合。聽說到馬尼拉需要八天。也許沿路會停靠基隆、高雄，但這一切都還不清楚。如果是停靠基隆，我就赴台北，若停靠高雄，我會打電報給妳，那時來高雄會面如何。或許直航馬尼拉……」

如此寫著停靠台灣時，也許會見面云云。

外代樹期待5日出發歷時八天的馬尼拉之行，也許會停泊台灣，而回憶起八田與一精神飽滿地出發的那一天的情

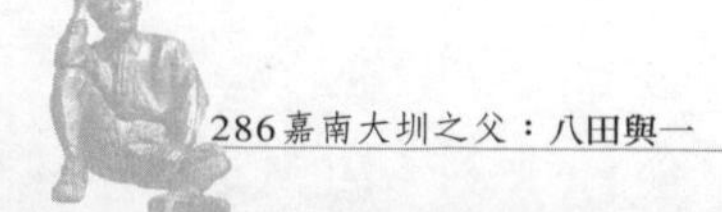

景。苦等不到丈夫的通知。兩天後接到宮島的來信，信上寫著要搭乘16000噸重的大洋丸，由於是大船，比較安全，也因此放心了。心想一定會再見面，內心深感安慰。但這一份喜悅被殘酷地打碎了。

13日，大洋丸可能遇難的消息寄到了外代樹那裏，她幾乎暈了過去。四天前才接到報平安的信。這實在令人不敢置信。接著，於17日正式被通告湯本技師、市川技手和丈夫的死亡消息。眞的絕望了，外代樹悲傷地痛哭不已。

雖然尙未發現遺體，但她已在壁龕設祭壇、掛遺像，並以八田與一所種的花佈置。一動也不動地坐著流淚。看著庭園內盛開的花懷念丈夫，一看到官服就好像看見丈夫說著「我回來了」，不禁又流下淚。

就寢時悄悄地把八田與一的

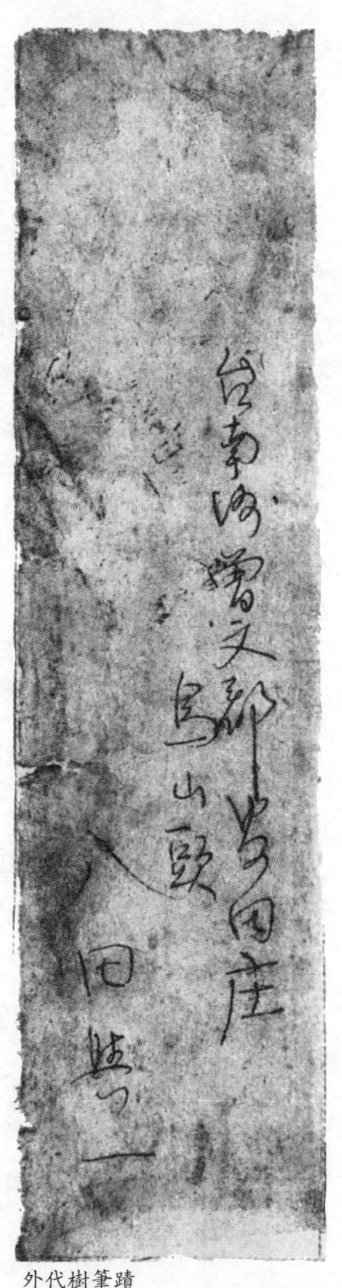

外代樹筆蹟

遺照放在旁邊同眠。

外代樹在回憶中入睡。那是結婚後初次渡海來台灣的1917年起二十五年間和八田與一的婚姻生活的回憶。

爲嘉南平原的調查和桃園埤圳工程到處奔走的八田與一，常常罹難瘧疾、阿米巴赤痢而發高燒病倒。

她每次都片刻不離地看護著。在舉目無親的台灣，拚命過日子的情景像走馬燈似地過去了。

在台北生了兩個孩子，漸漸習慣台灣的生活，這時母親來到台灣。

「做母親的不忍看你在這種地方生活，一起回去金澤吧！」

「不要擔心，習慣就好。我現在過著幸福的生活，不想回金澤。」

對滿臉擔心的母親如此斷然地回答，這也是一種忘不了的回憶。

但是無法勝過烏山頭生活的種種回憶。

當初丈夫說要搬到烏山頭居住時，對自己竟不知烏山頭在何處而不禁苦笑。

「烏山頭是個什麼樣的地方呢？」

「是個什麼都沒有、不方便的深山喔。」

「是否要住在一無所有的地方呢？」

「只有樹木、土地和水的地方。但除了那裏，沒有地方可建堰堤。我一直主張在那裏建設堰堤是最適當的。這是

我一生中不會再遇到的大工程。」丈夫常這麼說。「用沒人試過的工法施工。要用機械，也要造鎮，嘉南平原會有不同的面貌。」

搬到烏山頭居住是二十一歲的時候。

來到烏山頭，才大吃一驚，眞的是「一無所有的地方」。

一望無際的樹海、藍藍的天空、官田溪的清水，這些景像全都如丈夫所說的一般。

這又是一個令人震驚的事實。

主工程剛剛開始的1926年，有2000多人參與而顯得活力，改變了這個鎚聲不斷的小市街。

不但蓋了醫院、小學，還設有福利社、俱樂部，大人小孩都過著優裕的生活。

在運動會上，他說：「晃夫得冠軍，頒獎給自己的兒子是多麼愉快的事！」一付滿足的樣子。

俱樂部的舞台揭幕時，買了一台當時還稀罕的鋼琴給學校的老師彈奏，叫我上台唱歌，爲羞得面紅耳赤的我高興地鼓掌。

另外還讓技師的太太們買縫紉機，鼓勵她們學習洋裁，從中欣賞摩登的服裝。

兩人還常一起參拜廟宇。有一次開著自用車帶我去。

「赤山龍湖巖」是一座佛寺，離宿舍約1公里，這樣的距離很適合散步。此一佛寺據說是台灣南部發生大風水害的

八田夫婦造訪赤山廟，右起外代樹、與一。

1662年時所蓋的。

鄭成功的武將之一陳永華駐軍在佛寺附近時，進獻菩薩聖像、石香爐等，由福建省邀請高僧參徹禪師籌建，於翌年完成，當時在佛寺前所種的兩棵榕樹現已長成爲大樹。他還這麼告訴我。

八田與一常說：「人需要宗教，親鸞之教有許多可學之處。」因而講佛教、釋迦的故事給孩子們聽。

八田與一及其夫人在烏山頭生了五個孩子，綾子、浩子、嘉子、康雄、玲子，都很健康活潑。

雖對部下常大發雷霆，但對子女而言，他是一位慈祥的好父親。

外出旅遊，一定要一家人同行，否則就會悶悶不樂。

大正15年(1926年)八田技師家族於烏山頭宿舍前的寫眞

他常說少一個人也不行。這樣的想法，回到台北依然不變。

烏山嶺隧道貫通時，很高興地停止堰堤工程，以大型抽水機一起噴水，眞是壯觀。

孩子們也來看，好幾道的彩虹，大夥興奮極了。

排水隧道完成時，也是一樣的情景。召集烏山頭的技師及其妻眷們，請舞蹈老師指導，自己領隊，高興地大跳一場。

這是丈夫工作之外的天眞一面。

最精彩的是1930年烏山頭堰堤完成時。

花了十年歲月興建的亞洲第一大土木工程，當這個巨大的人工湖出現時，眾人對它的巨大感到十分驚訝。

「別說是日本了，這個堰堤在亞洲排名第一，是世界第三大的堰堤。」

他好像忘記十年的勞苦似的，彷彿昨日發生的事。

竣工典禮熱鬧非凡，沒有比當時更高興的事了。

三天三夜，大家跳舞、看電影、看戲。

在烏山頭的生活是終生難忘的回憶。回台北時，大家來送行，離別依依。

外代樹的回憶在烏山頭畫上了一個休止符。

那皺巴巴的襯衫、綁著綁腿的丈夫，一個可靠男子漢的身姿。

雖說丈夫已不在人間，但若沒發現遺體，是無法令人

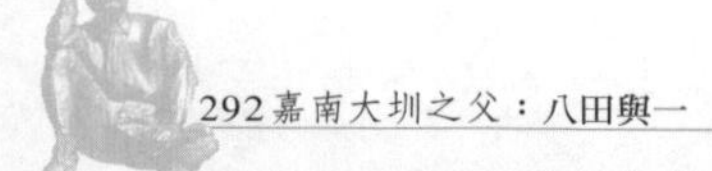

相信的，而且也不願相信。覺得自己眞是矛盾，一方面不相信丈夫已死，一方面卻又佈置祭壇，這番心情實在不能了解。發覺自己心已亂到不知道自己在做什麼的程度，越想鎭定就越逃避到回憶裏，再也沒有其他的辦法了。

回憶再度從1931年搬到台北市幸町開始。

在有大庭園的宿舍裏，每逢休假，丈夫常在園內照顧花草，儼然成了一座大花園。有時候訪客會將戴著麥梗草帽、穿著滿身是泥的工作服在拾掇庭園的丈夫誤爲佣人，問：「八田技師在家嗎？」此時不禁面面相覷而哈哈大笑。

到福建省出差時，邀我一起去。

受到福建省主席陳儀夫人款待，回台北時贈送我們一尊布袋和尙的木彫像。

昭和10年(1935年)8月，台北幸町官舍前庭的全家寫眞。

出發前曾拍了全家福照片。那成了最後一張的全家福照片，再也不能全家合照了。當時，連在台北出生的成子，全家的成員已有十人。

長男晃夫已進入了台北一中就讀，休假時常去烏山頭玩，受到大家親切地招待，每回總是高高興興地回來。

他一定忘不了在烏山頭的生活。事實上他每年造訪烏山頭，一直持續到從東京第一高等學校畢業爲止。

晃夫一到達烏山頭，當時烏山頭第三任所長赤堀信以下的組合的人員會熱烈歡迎「八田技師的大公子來了」。

當時八田一家所住過的烏山頭宿舍已經有部分改爲俱樂部，晃夫每次來都住在俱樂部。

赤堀所長住在藏成技師曾經住過的宿舍，浦子、綾子姊妹已是小學生了。

常在赤堀家吃飯，也常被請吃火雞肉。

人的緣份是多麼不可思議，日本的戰敗，使得在台的日本人返回國內，這讓晃夫與赤堀家人能再次相會。

晃夫到烏山頭玩時，三女赤堀綾子小姐還只是可愛的小學生，後來竟成爲八田晃夫夫人。

外代樹心想，如果不發生戰爭就好了。

丈夫常對孩子們說：「戰爭結束後，我們去澳大利亞吧，那兒有充足的牛乳可喝。」

別說是澳大利亞了，連菲律賓都去不成。

高高興興地和三個部下出發到菲律賓去的當時曾說：

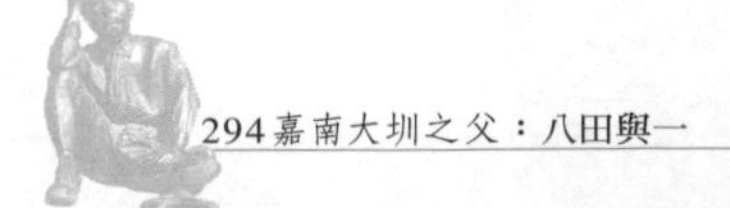

登載八田技師追悼文的刊物與外代樹編輯的追思錄

「再去工作一下，爲國家效勞吧！」

卻未抵達目的地就沉船了。這不等於是乘船赴死嗎？回憶接連不斷地湧現，但馬上又消失了。不知爲何，回憶的都是快樂的事。6月10日接到從東京傳來的消息，將所有的回憶都吹散了。

丈夫的遺體被發現了。此時，相信丈夫還活在某個地方的一線希望砰然斷裂了，其實她心裏早有準備。6月21日，昔日的丈夫變成骨灰由白木原技師送到了。丈夫變成這個樣子裝在小小的白木箱裏，令人難以置信。葬禮被盛大地舉行了三次。或許可以這麼說，丈夫是個幸福的人。

但葬禮越盛大，悲傷也就越深。已經再也不能聽到所愛的丈夫的聲音，也不能跟著他看展覽會和電影了。

她在丈夫周中忌出版一本題爲「水明」的追思錄，送給幫助過她的人。

外代樹在往後的三年間，強忍悲傷，因爲當時丈夫的死不得不說是「名譽戰死」的時代。那是個誰都不能從戰爭中逃開的世界。

孩子們也被捲入戰爭的漩渦。

晃夫於1944年從東大一畢業就志願入伍海軍，在佐世保的鎮守府。泰雄就讀台北高等學校時，因動員學生而被徵召入伍。嘉子進入東京女高就讀，所以八田家自從兒子入伍後，只剩浩子、玲子、成子三個人而已。

日本完全戰敗的事，從1944年10月12日台北首次受到空襲一事便已見分曉。

這是受到美國58機動部隊的艦載機F6F Graman的空襲，但沒有多大損害。爾後，Rockheed P38機由菲律賓起飛，夜間也有五、六架編隊的B24轟炸機來襲。日本特攻隊開始在萊特灣和台灣海上展開攻擊，但戰局漸漸變得不利。

台北往鄉下疏散的人也逐漸增加。外代樹爲保護孩子們，於1945年4月帶著三個孩子疏散。疏散地點就選在有著美好回憶的烏山頭。一到烏山頭就發現先生的銅像已被收繳出去。但是嘉南地區的民眾，包括組合的人，懇切地歡迎八田一家人。對外代樹而言，總算是一個安慰。

他們住的宿舍，曾經是一家人過著幸福生活的值得懷念的地方。

唯一不同的是，有一部分改為俱樂部，而且和組合的理事長高橋秀人一家同住。為了躲避台南的空襲，連組合本部也疏離到烏山頭，所以不敢嫌小。

疏散一個月後的5月30日，B24大舉空襲台北，總督府也被燒毀。在這次攻擊中，和八田與一一起研究三年輪作給水法的部下荒木安宅技師等不少老朋友也喪生了。

烏山頭是平靜的。從堰堤上遠眺嘉南平原的夕陽，那景色美得令人忘了現時正在戰爭。

只有在珊瑚潭上空飛行的美軍飛機所發出的呼呼聲音喚醒人們面對戰爭的事實。外代樹一知道塞班島和沖繩島多數女人慘死時便說：

「如果美軍登陸攻擊，有隨時跳入水庫放水口求死的決心。」

這很令孩子們擔心。

美軍並未登陸，但是日本本土正在潰敗。

不久，傳到烏山頭的是廣島和長崎遭擲原子彈的惡耗，和日皇接受波茨坦宣言的玉音放送。

日本犧牲了無數的人民，終於在8月15日投降。

聽說台灣要歸還中華民國，日本人必須撤離台灣。視台灣為永久居住地的外代樹受到雙重的打擊而休克。

對外代樹來說，台灣是她結婚之地、是丈夫血汗結晶

「嘉南大圳」所在地，也是生育八個孩子的地方，更是丈夫最愛的土地。

外代樹喜歡那樣的台灣，那樣的烏山頭。她不想離開。

一想到將來，就覺得一片黑暗。志願當海軍的長子和因學生動員而入伍的次子一直沒有消息。

雖然高興戰爭結束了，卻不知何去何從。

絕望襲擊著外代樹，心裏充滿了無力感。

浩子因丈夫退伍而回台北。

兩個孩子開始準備回台北，外代樹卻無心幫她們的忙。

面對桌子寫信的日子多了起來。戰敗後兩個禮拜的8月31日傍晚，以學生兵身分入伍的泰雄突然回到烏山頭家裏。盡量多準備點菜，這是隔了好久才有男性家人一起共進的晚餐，也慶祝大家平安。在喜悅之中，兒子和丈夫的臉慢慢重疊在一起，最後兩個焦點合成一體，但是眼淚模糊了影像，再也不會回來的丈夫的影像佔領了她的心。

那個晚上，四個人併枕而眠。從家門前的木麻黃樹間，清楚地看見青白色的月光映照著。

長久以來一直無法釋懷，忍到此時已像洪水衝破水閘般，即將把外代樹沖走。

9月1日拂曉，爲了避免吵醒熟睡的孩子們，外代樹悄悄地起來，穿著有八田家徽的和服，爲了不弄亂下擺，再穿

上燈籠褲(譯注：日本女子勞動時所穿的裙褲)，拿出寫好的信放在桌上。不禁覺得兩個年幼的女孩好可憐。

她拿出信紙寫下：

「玲子、成子：妳們已經長大了，兄弟姊妹要好好和睦相處！」

悄悄溜出的外代樹趕著跑到丈夫投注畢生心力的烏山頭水庫的放水口，朝著滔滔的水流縱身一跳，追隨丈夫而去了。

外代樹投水的日子，正是二十五年前嘉南大圳的開工日。

享年四十五歲。

清晨一大早剛睡醒的兩個小女兒，一發現母親不在，便看見數封信和一張信箋放在桌上。

數日前，兩人就看到母親一直在寫信，直覺這就是遺書，趕忙往放水口奔去。

「媽媽不要死！請妳要平安無事。」

心中如此吶喊著，不停地跑。眼淚不斷地沿著臉頰流下來。跑到水庫放水口時，眼前是轟轟的震耳聲和水沫飛濺的情景，晨靄中閃著母親整齊排放的草履。

立即通知組合的人，動員所有的人開始搜尋水路，但是沒有任何發現。之後，風力轉強，到了晚上，颱風來襲，風雨更強。水路的水位增高，不得不暫停搜尋。

翌日颱風離境，雨停了，關閉活門，停止放水。在搜尋所有水路時，於下游六公里處發現外代樹面目全非的遺體。組合的人員格外地傷心。

接到八田技師的惡耗至今還未滿三年，現在夫人又死了。

大家淚眼汪汪，將外代樹的遺體在日本人的墓地內火化。

一小部分骨灰帶回日本，剩下的決定葬在烏山頭。

多虧組合人員的溫情關照，把她葬在丈夫所造的烏山頭堰堤畔。夫婦永遠同眠於此。

此一惡耗在戰敗和返回祖國的忙亂中，幾乎沒人知道。但嘉南民眾絕對不會忘記誰是「嘉南大圳之父」。

遺族的孩子們將母親的骨灰掛在胸前，忍著悲傷，於9

外代樹跳水自盡的烏山頭水庫放水口

月20日回到台北。

台北的家只破了兩三塊窗玻璃，其他受損不大。道路到處是被炸的大洞。

回到台北的孩子們，由在總督府財務局上班的浩子的丈夫菱沼貞雄的照顧下，才能再度上學。

10月17日，中華民國台灣駐防第七十軍登陸基隆，24日，陳儀被指派擔任台灣行政長官。翌25日，於公會堂(譯注：今台北中山堂)由陳儀行政長官和安藤總督共同主持台灣交接典禮，結束了日本五十年的統治。

日本人關心的是，把台灣視爲永住之地的日本人到底會受到什麼待遇？若回日本，既沒有住的地方，也沒有財產，其中也有在台灣出生的，根本不知道日本內地。

大家擔心是否能留在台灣，或者非撤回日本不可。

1946年2月25日，發佈日本人回國的命令。

其內容爲，除台灣行政長官公署認爲需要留任者及其家族35000名以外，其餘全部回國。可以說是想留不准留、想回不能回。並嚴格地規定每人限帶10公斤的家當和現金1000円。28日第一批回日團離開台灣。

泰雄也爲了進第四高等學校而提早單獨搭第一批輪船回金澤。

除留任者之外，最後一批歸國輪船於4月25日由基隆出航，在僅僅不到兩個月的短時間裏，將超過40萬人，在雙方幾乎都沒有鬧事的情況下運送回國，這種例子，世所罕見。

另一方面，台灣行政長官公署開始接管官廳。嘉南大圳水利組合也於1946年2月13日被接管。但是水利組合的接管則因受益者爲台灣人，所以不由政府直接接管，而委任台灣人，所以得以順利地進行。

爲了保護嘉南大圳，台灣的技術人員和日本技師連日召開會議。中島力男、柴田一郎、赤堀信一、伊藤、柳原、入江、大城技師等人被留任，指導三年輪作給水法的管理。但是因爲日本人回國和戰後的混亂，嘉南大圳不少設施的管理無法嚴格監督，到處出現爲了自己之便而擅自開閉閘門調節用水。

在上游截水，下游便無水可用。因此別說三年輪作，不能耕種的地域也一直增加。

組合因此向政府申請支援，保護嘉南大圳。

政府派被留任的原總督府內務局土木課的宮地技師前去解決。

宮地技師赴台南後，召集組合理事商討協議今後的方針，決定照舊繼續三年輪作給水法。

接著宮地技師與舊友台南州農務局長黃榮華先生商量，最後決定派兵駐守水門。如此由部下宮地技師去拯救八田技師亡故後的嘉南大圳，三年輪作給水法才得以繼續。

嘉南大圳水利組合被接管後，改名爲「嘉南農田水利協會」，變成以台灣人爲主的組織。

台灣內部開始清除日本色彩。日本神社被拆除，所有日本人的銅像都被推倒。在那個氣氛裏，協會的人們決定爲八田夫婦立墓。爲了造純日式的墓，捨棄在台灣普遍的大理石不用，尋找花崗石。

好不容易在高雄找到福建省產的花崗石，訂做日式的墓石。然後立在原有八田技師銅像的地點後面。將寄放在台北東本願寺的八田與一和外代樹的骨灰一起埋葬。

此二人之墓，於1946年12月25日建立完成。

當天，菱沼貞雄帶著八田夫妻的遺孤浩子、玲子、成子坐在這艘回日的輪船。

孩子們在胸前緊緊抱著父母的部分骨灰，心中叫著：「爸爸、媽媽，請在值得回憶的烏山頭安息吧！有一天我們會來看您們。」

二十七年後，孩子們再訪烏山頭，那裏有每年於父親的忌日都舉行追悼式的嘉南大圳的民衆等候著。

將青春奉獻給嘉南大圳的八田與一，做爲「嘉南大圳之父」受到敬仰，與夫人外代樹靜靜地安息在烏山頭湖畔。

八田
之墓

【第十七章】

八田技師的追悼會

1982年5月8日，上午10時，八田技師的第四十次追悼會在可俯瞰珊瑚潭的八田墓園內舉行。

我因尋找有關八田技師的資料，結識台南農田水利會的吳德山、黃粲翔兩位先生。

「5月8日是八田技師的忌辰，將舉行追悼會，方便的話，請您來參加。」

那一天，我帶著祭品和剪下的報紙列席。

我在開始前二十分鐘便到達，看著忙於準備的人們，把目光投向珊瑚潭。

從相思樹看到蓄滿了水、被太陽照得閃閃發光的潭面和遠處的點點島影，我一邊欣賞一邊想著：

「眞美，五十年前剛完成時是否也像今天一樣美麗的模樣呢？」

墓前擺滿了嘉南農民帶來的供品，銅像被美麗的蘭花圍繞著，八田最喜歡的蝴蝶蘭也在其中。

不久，三位八田夫婦生前常去參拜的赤山龍湖巖的尼僧一到，追悼會就開始了。

年老的農民和年輕女人共約五十多名參加。

尼僧一開始誦經，參加者便陸續出列，輪流做著台灣式的祭拜。

在場的人肅穆，寧靜的墓園裏只有誦經聲音迴響著。

最後，全體一鞠躬，1小時40多分鐘的追悼會結束了。

我以一個日本人的身分，內心充滿溫暖，感謝嘉南

在八田銅像旁緬懷的嘉南民眾

人。

會後即燒金銀紙。這是生者爲了讓死者在陰間可享富裕生活所燒的紙錢，是一種台灣人弔喪死者的風俗。

當我看著燒金銀紙的火燄時，吳德山先生走過來：

「今天很高興您能出席參加。」

「該感謝的，應是我這個日本人呢。」我說。

他以流暢的日語說：

「我們爲了不忘八田技師的恩情，每年都於他的忌辰舉行追悼會。現在只有代表者出席，待會兒那些受到嘉南大圳恩惠的人們也會前來祭拜。」

或許因爲有日本人參加，有些奇怪，收拾好供品的嘉南人聚集了過來。

經過介紹，我拿出當天的剪報交給站在一旁的人。

剪報以〈悔恨之靈終於安息〉爲題，報導大洋丸受難者遺族於四十年後的5月8日在長崎舉行追悼會。

爲了讓大家都聽得到，拿到報紙的人將報導內容大聲地唸出來。

我靜靜地聽著，產生一種錯覺。

他流利唸著日文報紙，大部分的人都邊聽邊應和。

如果現場有日本旅客，說不定也會有置身日本湖畔的錯覺。

日本統治時代，徹底實行了日語教育，根據1944年的調查，達百分之72的普及率。所以，五十歲以上的人會日語也許是理所當然的，但經過了三十八年還記得日語，卻出人意料。

而且，他們日常生活上用台語，戰後，北京話取代日語成爲國語。所以他們能夠十分流利地使用北京話、台語和日語。

北京話和台語兩者差異很大，說北京話的人跟說台語的人無法彼此溝通。相差如此之大，實在無法想像。

我感覺，至少台灣人的語言學習能力比日本人高出幾倍。

一唸完報紙，有人說：

「這艘大洋丸一定是八田先生所搭乘的船。如果今天他還活著的話，有九十六歲了吧！」

接著，不知道是誰提議：

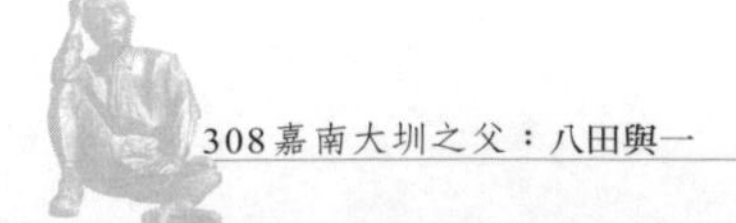

「把那張剪報影印給大家好了。」

嘉南人就像兒子誇父親般地談起八田技師的故事。

「如果八田先生沒投入這工程，今天這一帶還不能生產稻米吧。他是我們的恩人。」

一位土生土長的農夫這麼一說，又有另一個人接著說：

「與其說是大恩人，還不如說是神來得恰當，在嘉南，有很多人把他當做神來尊敬。」

聊完之後，我問他們有沒有人見過八田先生。

有一位很早前就住在六甲的老人懷念地說著：

「我小時候見過他一次。如今想起，他正是八田先生。他大概是有什麼事情來六甲，走在街上時，聽到有人說：『他就是烏山頭的八田所長。』不胖不瘦，不高不矮的，那穿著工作服行走的英姿，看在小孩子的眼裏，覺得他是偉大的人。」

話題一轉，提起銅像坎坷的命運。

「還好買回了銅像，將它放回原來的地方。所幸經過一年多並沒有損壞。也許八田先生會高興又可看到烏山頭水庫吧！」

那話好像是對八田技師本人講的一般。最後的結論是：

「嘉南沒有一個人會想盜取或損壞八田先生的銅像，因爲他們敬他如神。」

大家隨聲應和著說是。

他們的言行有著農民特別的眞誠與木訥，跟掩飾虛僞、爲討好而誇大表現的人截然不同。

要不是這樣的話，從八田技師逝世至今四十次的追悼會，怎能一次都沒忘記，既不受任何人的指示或命令，也沒有經濟援助，卻持續不間斷。我感覺得出，他們希望這種精神，不只現在這一代，在嘉南平原生活的代代子孫，日後也能繼續保持下去。

嘉南大圳雖給農民帶來了很多恩惠，但日本政府和總督府並非優先考慮嘉南農民，爲改善他們的生活而開發的。

他是將台灣視爲日本的糧食供應地和日本經濟的安全閥，以增產糧食而開發耕地爲第一，以提高台灣農民生活水準爲次要的吧！

事實上，嘉南大圳完成後，也受到當時部分台灣人的責難。

「嘉南大圳只對糖廠有利，並沒給台灣的農民帶來好處。」

戰後，史明寫的《台灣人四百年史》一書也有所批判：

「嘉南大圳是爲南台灣增產甘蔗爲目的的糖業服務設施，這個當時世界有名的灌溉水利施設，除開工時徵收台灣人的土地外，總督府以強權徵收組合費。」

事實上，嘉南所產的米被用爲日本農業經營的安全

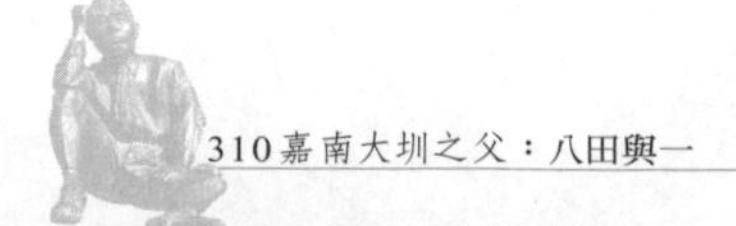

閥，甘蔗則給了製糖公司莫大的利益。當時日本政府視台灣爲殖民地，這是不可否認的。但是嘉南平原生產農作物所得的2000萬円增收帶給嘉南農民不少利益，提高他們的生活水準，也是不爭的事實。

眞正了解嘉南大圳的價值，是在此流汗生活，默默看著「八田與一爲人」的嘉南人。因此，日本統治時代的神社、紀念碑，甚至連銅像都被破壞。正當台灣肅清日本色彩之時，只有八田技師的銅像受到守護，並建立墳墓，甚至爲他舉行追悼會。

嘉南大圳所帶來的恩澤，從1930年完成以來迄今仍延續著，以後也可能因此栽培出豐富的農作物，支持台灣的農

八田技師書齋舊址

業。

日本統治結束後，經過四十餘年，參與建設嘉南大圳的人或當時的農民都已經亡故。雖然由新世代的人繼承，八田技師的銅像及墳墓仍被守護著，追悼會也繼續舉行。

我想，這不但是嘉南大圳所帶來的大恩澤，也是八田與一的人格，以及外代樹夫人臨終時讓人流淚感動的事蹟之故，都是不容忽視的。

幾次赴烏山頭後，我覺得不只這些因素，應該還有「更特別的某些原因」存在。

所謂「更特別的某些原因」，可能是受過嘉南大圳之恩的這些人所特有的民族性，和嘉南風土所產生的樸素的溫暖的心。

「西方人最討厭被說成說謊的人，日本人最怕被指爲不恥，台灣人最不喜歡被認爲不知感恩。」

因此，在台灣被指爲「不知感恩者」，即是「你不是人」的意思。一旦認爲是「恩人」，則終生如此。是否就是這樣的民族性，才有「不尊重八田技師的人，不是嘉南人」的斷言？

生在台灣、在台灣度過青春歲月的晃夫先生也說：

「我們是在台灣出生的。當時在台灣出生的日本人被稱爲「灣生」，同班的大部分都是「灣生」。因此，我們「灣生」幾乎都是在不知道父母親故鄉的情境下長大的。因此，現在我們也認定台灣是故鄉。台北一中(譯注：建中)、旭(譯注：東門)小學的同學會每年在東京舉行。在名古屋也舉行台北一中和台北高女(譯注：北一，二，三，四女中)合辦的同學會，大家都把台灣視爲故鄉，永存心中。

八田晃夫氏

現在台灣的國際定位變得模糊，和日本也沒有邦交。這對我們來說，實在是一件感傷的事。但我們對台灣的感情永遠也不變。我認爲，目前還信仰儒教的只有台灣而已。我在台灣有深交的本島(譯注：台灣)人，他們個個有禮貌、有情義、知恩義，讓我眞實地感受到漢民族人性的偉大。」

對台灣人的民族性，我從體驗中習得，而且十分讚賞。此民族性之美德，即使在戰後的苦難、混亂中也不曾失去，一直承傳至今。

至少嘉南人對八田技師的恩情是絕對不會忘。所以，今天我們仍然能到烏山頭悼念八田技師。

我從嘉南人身上學到「做人絕不能忘本」。對嘉南人如此溫暖、眞摯的情愫，我代表日本人衷心地感謝。

追悼會結束了。明年的今天，八田技師又將再度在嘉南人心中復活吧！八田技師與其說是日本人，還不如說是存在嘉南人心中的人。

我告別了八田墓園，和吳、黃兩氏走到公車站。吳先

筆者受邀訪吳德山宅，他住的正是八田技師同樣的日式宿舍。

生突然說：

「是否順便來我家，八田先生曾經住在隔壁。」

我因想知道曾經熱鬧的烏山頭宿舍、出張所以及學校和醫院現在的模樣，遂請他帶路。

我的腦海中湧現過去烏山頭宿舍的畫面。

從烏山頭水庫入口前的公車站向上走300公尺，看見鐵拱門聳立在雜草中。

房舍已毀損不復見，唯獨這兩個網球場。由於是混凝土造的關係，太陽的反光並不強烈。那就是從前每個月放映一次電影的地方。

「我小時候也常到這裏來看電影。有電影的日子，一早便著急地等待。」黃先生懷念著昔時景況。

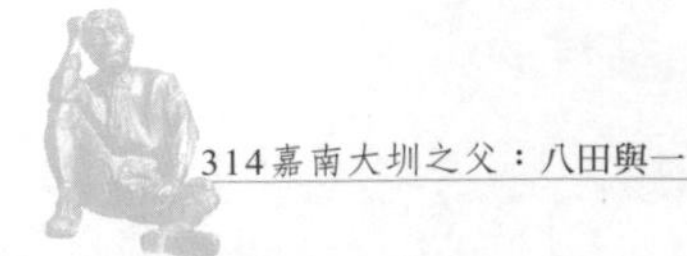

從出張所前面的道路向右一彎，有幾棟日式房子。

這應該是當時技師們所住的地方。房子還在。彎過去第二間，有水泥粉刷圍牆的大宿舍遺跡。

「這就是八田技師所住過的宿舍的遺跡，戰後被地震震壞了。沒人居住的房子，總是容易壞。」吳先生說。

爲尋找八田先生的身影，我進入屋內，但只剩下八張榻榻米大、寂寥的書房。六十年的歲月已逝，只有陪伴過八田夫婦的大榕樹綠蔭垂覆，映照出強烈對比的輪廓。

「書房還在呢，是因爲增建才這麼新吧！」我說。

「我也這麼想。書房裏原本掛著兩幅油畫，地震後移到台南本部。當時的東西還留存的，就只剩這間書房和兩幅油畫而已。」吳先生答道。

後來我造訪台南嘉南農田水利會時，看見掛在會長客廳的兩幅油畫：五十號大的八田技師肖像畫和烏山頭水庫工程風景畫，是以淡淡的筆觸所畫的作品。這是八田技師請伊東哲所作的油畫。

「我家就在隔壁，請您光臨。」

聽到這個聲音，隨之一看，是日式房屋。

這房子是吳先生來到烏山頭以後就一直住著的，一棟烏山頭時代的房子。

「藏成先生曾經住在這裏。工程完成後，最後一任烏山頭分所長赤堀先生一家也住過。八田先生家和這一棟是同樣的構造，雖然老舊，但住起來好舒服。」他如此說道。

30餘坪大，想不到是幹部技師住過的簡樸房舍。繞到後面，廣闊的院子中有一個水池。

我能想像，在和這同樣的房子裏，八田技師十年間在工程上所傾注的心力。

吳先生的宿舍長著幾棵台灣罕見的榴槤，纍纍的果實沐浴著陽光。

我問：「當時的學校和醫院還在嗎？」

「學校還在，但是醫院已經沒有了。我們去看看吧。」

他這麼說著，再向北走到盡頭，右邊有一所掛著「嘉南國民小學」校名的學校。

當時的校舍變爲混凝土磚造，學校已經被接收，但仍可聽到兒童活潑的聲音。以前學校前面應該是一棟醫院，但已經變成一片甘蔗園，看不見任何遺跡。往北看去，昔日是日本人的墓地，現在也雜草叢生，連一個墓石都不存在了。

我們一面談話，一面走回公車站，突然看見當時使用過的火車頭還放置在甘蔗園中的廢屋裏。

這裏過去是烏山火車站附近。小屋塌壞了，但是屋裏的火車頭經過六十年的風吹雨打後，仍像紀念碑一樣地端坐其處。

我覺得火車頭似乎正在養精蓄銳，也許當時組合是爲了紀念，將它安置在小木屋裏。

黃先生心有遺憾地說：

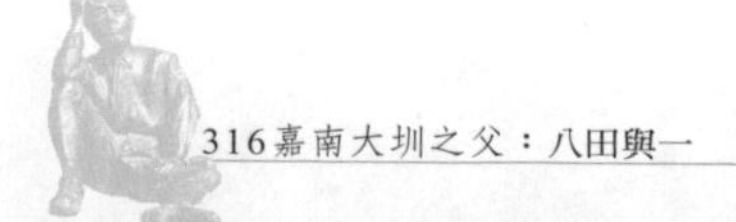

「本來打算將它當成烏山頭工程的紀念品，計畫修復後在公園展示，後來認爲修復困難，所以仍舊放在那裏。」

接著又說：

「糖廠還有同型的十噸火車頭，願意把它讓給我們，但是另有『不是在烏山頭工程使用過的東西沒有意義』的意見。所以難以實現了。」

開發烏山頭經過了六十多年後的今天，已經不再有當時充滿活力的情景。只能偶爾聽見車子走過的聲音而已。

我懷著歲月飛逝之感，離開了烏山頭。

戰後，嘉南大圳被國民政府接收，數次變更名稱：

1945年　嘉南農田水利協會

現在烏山頭仍留有10輛日製火車頭

1947年　嘉南農田水利委員會

1955年　嘉南農田水利會

以後便一直以「嘉南農田水利會」沿用至今。

1973年，在烏山頭水庫上游完成曾文水庫。水壩築在烏山頭水庫取水口上游，133公尺高、400公尺長的塡石堰堤，有效蓄水量六億噸。是爲台灣最大的水庫，由日本技術指導而完成。

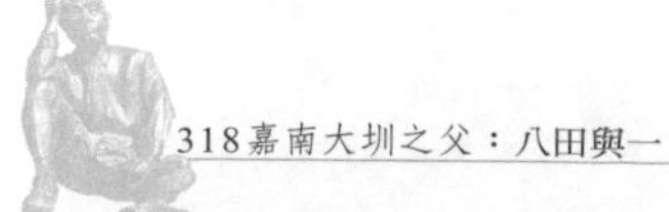

這個水庫不但可補充烏山頭水庫灌溉用水的不足，也可以發電、公共用水、調整洪水，是多元用途的水庫。

此一水庫的完成，使烏山頭水庫可得到更豐富的水源。以前實施三年一輪作灌溉的嘉南平原，現在大大地變爲三年二輪作灌溉了。

建造曾文溪水庫的計畫是在1940年前後由八田技師提案、宮地技師調查開始的。依據此計畫是要造96公尺高的混凝土堰堤，建設地點與現今只不過相差100公尺而已。

結果因戰爭而缺乏資金，遂無法動工。

曾文水庫完成的翌年，即1974年，嘉南農田水利會分成兩個水利會。

原因是維持管理十五萬甲那麼大的面積非常困難，再者因爲水源不同，決定一分爲二。

北港溪以北，將由濁水溪給水，歸雲林縣水利會管轄。

結果，嘉南水利會營運的地域是橫跨嘉義、台南兩縣八萬三千甲的部分。但這依然是台灣最

空中鳥瞰烏山頭水庫(嘉南農田水利會提供)

大的灌溉面積。針對這個面積的管理、營運，嘉南農田水利會任用了750名職員。

最後我想爲走訪八田技師足跡的人說明通往烏山頭水庫的路線。

往烏山頭的公車，從新營市、台南市兩地出發。由新營市出發的，經林鳳營、六甲到烏山頭，最短距離爲14公里。從台南市經官田、中脇，約39公里，不到50分鐘就可抵達。

一下公車，入口就在前面。在辦公室的賣票窗口買票，一上緩坡道，右邊石垣上有荷蘭時代的堰堤遺跡「三腳埤」，再登上曾經鋪設工程用鐵路的道路，壯觀的珊瑚潭立即呈現在眼前，可以瞭望嘉南平原。

造訪堰堤南端的烏山頭管理事務所，就有親切的水利會職員於一旁解說。二樓也有針對嘉南大圳的科學說明展示室，即使是外行人也容易了解，因此値得到訪參觀。

如果有空，可由管理事務所走二十分鐘，參拜在堰堤北邊的小山丘上的八田技師銅像，和他夫婦倆的墳墓。

那裏有守護著珊瑚潭的八田技師和外代樹夫人靜待訪客光臨。

後記

傳說1590年於台灣西海岸南航的葡萄牙船員一看到台灣島就喊著「Ilah Formosa」(噢！福爾摩莎)，聽見這話的荷蘭籍受薪船長琳修德便在航海圖上記下「FORMOSA」。以後台灣就被稱爲「福爾摩莎」。

今天台灣被稱爲世界上最有希望的島嶼。雖然政治上孤立，被日本及其他許多國家斷絕外交關係，但仍有驚人的經濟發展，外匯存額超過西德，昇爲世界第二。而且快速推行政治民主化，確保社會安定，讓台灣成爲名副其實的「美麗島」。日本每年將近百萬人造訪台灣，這個數字於旅台外國人中排名首位。到日本旅行的外國人，台灣人超過美國人，排名第一。隨著台灣經濟的發展，在台日僑也增加了，爲了子弟的學習，在面積只不過略同九州的台灣設立了三所日僑學校。雖有這麼多的人事交流和經濟交流，但從台灣回來的日本人，到底有多少人了解台灣的眞相？更別論到底有多少日本人了解八田技師的成果，和有關銅像故事中嘉南民眾的溫暖之情了。換言之，我若沒見過烏山頭銅像的話，一定也是不知而返的。所幸我見到銅像，瞭解了嘉南人的脈脈溫情。

當初，我決定赴任高雄市日僑學校時，便意識到「曾經是殖民地」這個「暗」的部分。但隨著有關八田技師的成果的採訪，漸漸瞭解到其中不光是「暗」的一面而已，也有光明的一面，心境上才稍輕鬆。而且，在得知嘉南人至今仍在舉行追悼會時，喚起了我的感謝之心。同時感慨：爲何日本人不知道這樣溫馨的美談，爲什麼一般只報導戰前的黑暗面，而不多加報導光明的一面呢？

這絕不是希望掩蓋日本人可恥的部分，也許寫出日本的惡行也是很重要的。只是希望能用我僅有的能力書寫日本人光明的一面。

爲使下一代年輕人能擔起責任，以日本爲榮，成爲有夢想、有國際觀的人，不單是黑暗面，光明的一面也該讓他們瞭解吧？

我爲了將戰前在台灣的日本人的光明面爲世人所知，花費了兩年多的時間，將當地人迄今仍敬慕的八田與一技師，和被封爲「蓬萊米之父」的磯永吉博士的事蹟收入《嘉南大圳之父》一書裏。我認爲至少可抬頭挺胸斷言這兩位都是「曾活躍在台灣的偉大的日本人」。更希望在海外發展的日本人，能再出現受當地人敬慕的第二個、第三個八田技師和磯永吉博士。那時日本才眞正算是世人所需的國家吧！

我爲了至少讓留在台灣的日本人知道，從1982年6月起在高雄日本人會機關雜誌上，將採訪自八田技師的報導以〈愛台灣的日本人〉爲題連載了九次。這報導不只對在台日僑，對台灣人也引起很大的迴響，而且也曾在當地的日刊報紙《台灣時報》刊載。

當時的高雄交流協會所長出田政夫先生勸我將它編成單行本。在半年的期限中，把登在機關雜誌上的報導，於歸國一個月前出版七百本。

因在台灣出版，只能帶幾本回日本。但這本書經由《朝日新聞》介紹後，不少從前住過台灣的人以及土木相關人士前來詢問。因此爲了將八田技師的事讓更多人知道，決定也在日本出版，於是再度開始在日本採訪。採訪和資料整理費了意想不到的時間，結果直到完稿已經花了三年。

正想以自費出版時，經由高校時代的恩師兵頭保先生介紹認識青葉圖書的村上邦彥社長，他馬上答應出版。那時實在很高興，更可喜的是，石川縣小學的生活與倫理的副讀本《公眾的道德》登載了八田技師的故事。並由中川外司先生的奔走，設立「懷念八田與一技師與友好嘉南人之會」的總會，1989年2月13日於金澤市役所舉行。八田技師的功績逐漸地爲人所知，其評價將以金澤市爲中心，慢慢擴大。但願能讓更多人知道八田技師的故事。

這本書自和八田技師結緣開始，經過九年歲月才問世。其間受到嘉南農田水利會吳德山先生以及很多台灣人士的協助。還有提供珍貴資料的八田晃夫先生、曾在嘉南大圳直接指導農民的中島力男先生、提供當時工程照片的占部典子女士、替我修改文稿又幫我寫「序文」的高橋裕先生、於金澤市採訪時大力協助的中川外司先生等等，受到很多日本人的協助，在此深表謝意。

將此書獻給每年舉行八田技師追悼會並繼續守護著銅像的嘉南人，致上感謝之意。

〔八田與一年譜〕

年代	八田與一·嘉南大圳年譜	台灣·世界的主要事件
1886 明治19年	◆2月21日出生於石川縣河北郡今町村(現金澤市今町)，爲八田四郎兵衛的五男	
1892	◆就讀花園村立花園普通小學(4年制)	
1895		★台灣成爲日本領土
1896	◆就讀森本普通高等小學(3年制)	★英國巴兒敦技師被聘爲總督府技師 ★濱野彌四郎和巴兒敦來台
1899	◆就讀石川縣立第一中學(5年制)	★巴兒敦病死於東京
1900	◆父八田四郎兵衛去世	◎歐美諸國侵略中國
1904	◆就讀第四高等學校大學預科二部工科(3年制)	◎日俄戰爭開始
1907	◆就讀東京帝大工科大學土木科(3年制)	★縱貫鐵路開通
1910	◆任台灣總督府土木部技手，服務於工務課(24歲)	◎日韓合併
1911	◆任台灣總督府技手，服務於土木局土木課(25歲)	◎辛亥革命
1912 大正元年	◆台灣島內調查旅行	◎中華民國成立 ★台灣總督府開始興建
1913		★第五任總督佐久間大規模討伐北部原住民
1914	◆任總督府技師，服務於土木局土木課衛生工程股 ◆在濱野彌四郎之下從事衛生工程	◎第一次世界大戰爆發 ◎巴拿馬運河開通
1915	◆從事台南市上水道工程	★第六任總督安東貞美、下村宏民政長官就任

1916	◆菲律賓、爪哇、婆羅洲、西里伯島、新加坡、香港、廈門調查之行(30歲) ◆任職於土木局土木課監查股，負責發電灌溉工程 ◆擔任設計、監督「桃園埤圳」	◎袁世凱去世 ◎大正民主思潮興起 ●總督府著手「桃園埤圳」灌溉工程
1917	◆和米村外代樹(16歲)結婚(31歲) ◆調查急水溪發電用水庫地點	◎俄國革命 ●總督府發佈在官田溪、龜重溪建設水庫計畫
1918	◆積極調查嘉南平原 ◆積極推進嘉南平原灌溉事業計畫	●總督府中止調查嘉南平原灌溉事業 ★第七任總督明石元二郎就任 ●總督府再度開始調查嘉南平原灌溉事業 ◎第一次世界大戰結束 ◎出兵西伯利亞 ◎奪糧暴動波及全國 ●總督府委託內務省技監原田貞介實地調查官田溪
1919	◆長女正子誕生 ◆和八十名部下開始測量調查嘉南平原 ◆任職總督府土木局設計股兼工程股(33歲) ◆約聘任職公共埤圳官田溪埤圳組合 ◆完成嘉南平原工程設計案、預算案	●神保小虎博士調查官田溪水庫建設預定地土質 ●總督府任命八田與一爲嘉南平原灌溉事業測量調查設計作成預算案 ★總督府的日月潭水力發電事業開工 ★明石元二郎總督去世 ★第八任總督田健二郎就任 ★濱野彌四郎轉任神户市都市計畫課長 ★台灣總督府興建完成
1920	◇「公共埤圳官田溪埤圳組合」通過認定 ◇官田溪埤圳事業開工	●總督府決定嘉南平原灌溉事業 ◎嘉南大圳工程預算通過臨時議會成立

	◆辭總督府技師，任官田溪埤圳組合技師 ◆長男晁夫誕生	◎國際聯盟成立
1921	◇官田溪埤圳組合本部於嘉義成立 ◇改稱爲「公共埤圳嘉南大圳組合」 ◆遷居嘉義市 ◆任嘉南大圳組合監督課長兼工程課長(35歲)	★下村宏總務長官辭職 ★磯永吉技師發表「幼苗理論」
1922	◆次女綾子誕生 ◆與藏成信一、白木原民次技師赴美、加、墨西哥考察水庫 ◆任烏山頭出張所所長，遷居烏山頭 ◇烏山嶺隧道開工 ◇烏山嶺隧道瓦斯爆炸，死傷五十餘人	●總督府委託佐野藤次郎實地調查官田溪堰堤 ★由磯永吉技師指導，開始栽培內地種米
1923	◆姊去世 ◇嘉南大圳工程暫時中斷 ◇解雇嘉南大圳組合半數職員	◎關東大地震 ●總督府大幅削減組合補助金 ★第九代總督內田嘉吉就任
1924	◇嘉南大圳工程復工 ◇烏山頭堰堤排水用隧道完工 ◇濁水溪導、給水路完成，開始灌溉 ◆三女浩子誕生	●總督府發佈嘉南大圳工期延長四年 ★第十任總督伊澤多喜男就任 ●總督府自美聘請賈斯丁
1925	◆與賈斯丁論戰 ◆四女嘉子誕生	◎孫文去世 ★桃園埤圳竣工
1926 昭和元年	◆兄誠一去世 ◇烏山頭堰堤主工程開工 ◆母親去世，回金澤市	★創立台北高等學校 ★伊澤總督命名內地種米爲「蓬萊米」 ★第十一任總督上山滿之進就任
1927	◆次男泰雄誕生 ◆兄智證去世	◎金融危機開始

1928	◇舉行烏山嶺隧道貫通典禮 ◆兄又五郎去世	★創設台北帝大 ★第十二任總督川村竹治就任
1929	◆五女玲子誕生 ◇烏山嶺隧道竣工	◎世界恐慌開始 ★第十三任總督石塚英藏就任
1930	◇烏山頭堰堤竣工 ◆辭組合技師，任組合技術顧問 ◇舉行嘉南大圳竣工典禮 ◆任總督府內務局土木課水利股長，高等官三等一級(44歲) ◆任交友會會長，建「殉工碑」 ◆遷居台北市 ◆成立台灣水利協會	◎倫敦縮減軍備會議 ★霧社事件爆發
1931	◇嘉南大圳本部移至台南市 ◆六女成子誕生 ◇舉行交友會、都賀田勇馬製作的銅像揭幕典禮 ◆遷居台北市幸町官舍	◎滿州事變爆發 ★第十四任總督太田政弘就任 ★宮地末彥赴任於總督府內務局土木課水利股
1932	◆開始全島土地改良計畫 ◆計畫大甲溪電力開發	★第十五任總督南弘就任 ★第十六任總督中川健藏就任 ◎上海事變、滿州國成立、五一五事件
1933	◇嘉南大圳經濟效果顯著	◎退出國聯
1934	◆大甲溪實地調查 ◆獲頒勳六等瑞寶章(48歲)	★日月潭發電廠工程竣工
1935	◆受中華民國福建省主席陳儀委託調查灌溉設施(外代樹同行)	★始政四十周年大博覽會
1936	◆以〈福建省管見〉爲題的論文刊登於《台灣的水利》雜誌	★第十七任總督小林躋造就任
1937	◆兼任總督府專賣局技師 ◆張羅設立土木測量技術員養成所，任顧問 ◆兼任總督府殖產局農務課技師 ◇珊瑚潭淤積狀況調查，由宮地技師指導實施	◎中日戰爭開始

1938	◆獲頒勳五等瑞寶章(52歲)	◎二次世界大戰爆發
1939	◆昇敕任官技師(53歲) ◆獲頒勳四等瑞寶章	◎日本軍登陸海南島
1940	◆任台灣都市中央計畫委員會幹事 ◆任台灣國立公園委員會幹事 ◆爲農林調查團長，實地調查海南島達一個半月之久	◎日德義三國同盟成立 ★第十八任總督長谷川清就任
1941	◆高等官二等三級 ◆考察日本、朝鮮、滿州、中國的主要水庫	◎太平洋戰爭開始
1942	◆陸軍省内定爲「南方開發派遣要員」，赴菲律賓 ◆和三名部下搭乘大洋丸出宇品港 ◆五月八日，遭美潛水艇魚雷攻擊，大洋丸沉沒，於東海身亡(享年56歲)	★大甲溪電力開發動工 ★總督府舉行府葬，嘉南大圳組合舉行喪禮
1943		★開始回收金屬
1944	◇八田與一的銅像被繳出	★第十九任總督安藤利吉就任 ★台北市首次遭到空襲
1945	◇外代樹帶子女疏散至烏山頭 ◇外代樹在烏山頭水庫放水口投水自盡(享年45歲) ◇八田與一的銅像被發現	◎日本戰敗 ★中華民國駐防台灣第七十軍登陸基隆 ★陳儀就任台灣省行政長官 ★台灣交接典禮於台北市公會堂舉行
1946	◇中華民國接收嘉南大圳水利組合 ◇水利會建八田夫妻之墓於烏山頭	★最後一班運送日本人回國的輪船出港 ★八田一家離開台灣

【參考資料】

嘉南大圳新設事業概要

昭和5年3月發行　嘉南大圳組合　枝德二

台灣鐵道旅行案內

昭和9年8月發行　ジャパン・ツーリスト・ビュロー台北支部

台灣治績誌

昭和12年2月發行　台灣日日新報社　井出季和太

台灣事情

昭和14年12月發行　台灣總督府

台灣總督府職員錄

昭和16年7月發行　台灣總督府

水稻耕種法講演

昭和19年3月發行　台灣農會　磯永吉

台灣

昭和45年5月發行　弘文堂　王育德

豐滿ダム

昭和54年10月發行　大豐建設株式會社　内田弘四

下水道論の歷史的探訪

昭和55年1月發行　日本水道新聞社　稻場紀久雄

札幌農學校

昭和55年8月發行　圖書出版社　蝦名賢造

台灣島抗日秘史

昭和55年11月發行　原書房　喜安幸夫

台灣統治秘史

昭和56年7月發行　原書房　喜安幸夫

生命糸のエコノミー

昭和57年11月發行　新評論　玉野井芳郎

大洋丸誌

昭和60年12月發行　大洋丸會　佐藤祐弘

譯者的話

◎陳榮周

1996年9月27日，我參加在日本關西舉行的第十二屆北工大安工業俱樂部全國大會。翌日起三天，和由台灣一起前來參加大會的同學及眷屬40人中的25人同赴九州的宮崎及長崎遊覽。之後，自門司搭乘渡輪經瀨戶內海返回大阪。長崎的荷蘭村及豪士登堡的建築，如果不是因隨處可見的日文路標及解說，眞讓人宛如身歷其境。日本人的建築之精巧，眞是令人欽佩。

渡輪經過元宇品港附近時，突然想起曾經讀過的一本書，描寫嘉南大圳之父八田與一技師的傳記：《愛台灣的日本人》。元宇品港乃是八田技師最後出航之港。又想起這本傳記的作者古川勝三先生住在對岸四國的松山市。明治維新中葉出生的八田技師深受西田哲學的薰陶，精研西洋土木工學技術，將其一生奉獻給台灣的水利事業，建造嘉南大圳，當地農民感念其恩德，至今不忘，每年逢其忌日皆舉辦追悼會紀念他。我深爲八田技師的事蹟所感動，興起翻譯此書的念頭，希望八田技師一生偉大的事蹟能廣爲人們所知。

此一構想獲得陳董事長的贊同後，我乃於大阪離隊，前往四國松山市。當我向此書的作者古川勝三先生說明來意之後，他欣然同意，且授權無償翻譯其著作，於《大安工業協進會季刊》連載。此事也於11月25日經編輯委員會認可。

在此特別感謝古川勝三先生的好意。我自知文采不揚，但願盡一己綿薄之力，譯好此書。也希望大家，特別是技術人士，能喜愛這本著作，進而更愛台灣。

王育德全集
台灣・苦悶的歷史

國家圖書館出版品預行編目資料

嘉南大圳之父：八田與一傳 / 古川勝三著,
陳榮周譯. — 初版 — 台北市：
前衛，2001 [民90]
336面；15×21公分.
ISBN 978-957-801-297-4（精裝）
1. 八田與一 — 傳記
783.18　　90005150

嘉南大圳之父：八田與一傳

著　　者　古川勝三
譯　　者　陳榮周
責任編輯　番仔火
美術編輯　方野創意
出 版 者　前衛出版社
10468 台北市中山區農安街153號4樓之3
Tel: 02-25865708　Fax: 02-25863758
郵撥帳號：05625551
E-mail: a4791@ms15.hinet.net
http://www.avanguard.com.tw
出版總監　林文欽
法律顧問　南國春秋法律事務所林峰正律師
出版日期　2005年3月修訂新版第一刷
2015年3月修訂新版第六刷
總 經 銷　紅螞蟻圖書有限公司
台北市內湖舊宗路二段121巷19號
Tel: 02-27953656　Fax: 02-27954100

Printed in Taiwan　ISBN 978-957-801-297-4
定　　價　新台幣320元